Über den Tag hinaus
Band 9

Basler Journalisten:
Annemarie Monteil

GS-Verlag Basel

CIP-Kurztitelaufnahme der Deutschen Bibliothek

Monteil, Annemarie:
Basler Journalisten: Annemarie Monteil / [Annemarie Monteil]. – Basel: GS-Verl., 1988
(Über den Tag hinaus ... ; 9) ([GS-Reihe] ; 565)
ISBN 3-7185-0073-6
NE: HST; 1. GT; GS-Reihe

GS 565

© 1988 GS-Verlag Basel
Umschlag: Heinz Koch
nach einer Idee von Beat Trachsler
Schneider-Fotosatz Grenzach
ISBN 3-7185-0073-6

Inhaltsverzeichnis

Künstler aus Geschichte und Gegenwart

13 Cy Tombly
im Kunstmuseum Bern und
in der Kunsthalle Basel
Auf der Suche nach einer Sprache

18 Anselm Feuerbach
Kunst jenseits vom Leben

22 Ferdinand Hodler
Wachsen in die Einsamkeit

27 Agat Schaltenbrand
Das Zarte und das Heftige

28 Bernard Buffet
Die vermarkteten Ängste

30 Robert Filliou
Von der fröhlichen Einsamkeit

33 Max Ernst
Künstlichkeit der Landschaft

35 Wassily Kandinsky, Franz Marc
und der 'Blaue Reiter'
Eine Zeit, die so hinreissend selbstbewusst
wie nie

39 Joseph Beuys
Botschaften von Umschlagplätzen

Porträts

45 Der Sammler Giuseppe Panza
Das Museum: ein Ort der Freude

51 Frank Buchser
The song of Mary Blanc

53 Jakob Schärer
Lebendig Aufbewahrtes

58 Franz Eggenschwiler
Mystischer Zauberer mit Schlitz im Ohr

Frau und Kunst

65 Meret Oppenheim
Die Idee mit den Brunnen

69 Künstlerinnen der russischen Avantgarde
1910–1930
Die Frauen, warum?

74 Brennpunkt – Kunst von Frauen

77 Agnes Barmettler
Eine, die auszog, das Eigene zu finden

80 Camille Claudel
Nicht ist die Liebe gelernt

85 Leiko Ikemura
Ein Werkverlauf mit ständigem Aber

Kunst vom Outside

89 Kunstgespräch in der Strafanstalt
Mit Sonnenblume und Totenkopf

92 Zeichnungen aus Auschwitz
Zeichnen gegen den Tod

95 Bilder aus der Verpuppung lösen

98 Aloïse Corbaz
Die Frau mit den zwei Biographien

Verschiedenes

103 Der Unfug mit den Katalogen

105 Herbert Distel
Fitness fürs Auge

107 Weihnachten vor einem spätgotischen Bild
Das Wunder ins Wirkliche holen

111 Paul Klee
Wenn die Engel sich verwandeln

116 Sol LeWitt
Requiem auf einen Kubus

119 Verzeichnis der Abbildungen

Annemarie Monteil
Kunstkritikerin ohne Ungefähr

Seit einiger Zeit betreut sie in der 'Basler Zeitung' die Rubrik 'Kinderzeichnungen'. Sie tut es nicht, weil es in der 'erwachsenen' Kunstszene nichts mehr zu tun gäbe oder weil sie es müde geworden wäre, von Galerie zu Galerie, von Museum zu Museum zu ziehen, um hinterher darüber zu schreiben in der 'Basler Zeitung', der 'Weltwoche', im 'du'. Annemarie Monteil hat sich den Zeichnungen von Kindern zugewendet – nun, aus dem gleichen Grund, weshalb sie sich überhaupt mit Kunst beschäftigt: weil sie fasziniert ist von der Art und Weise, wie Menschen sich ausdrücken, ihre Empfindungen umsetzen in Farben und Formen, Kinder gleicherweise wie Erwachsene, und weil sie das Staunen darüber noch nicht verlernt hat.

Annemarie Monteil, in Solothurn geboren und aufgewachsen, hat früh angefangen zu schreiben. «Am liebsten über Kunst», sagt sie. «Und Märchen für die Kinder.» Das Studium der Kunstgeschichte in Paris war die logische Folge dieser frühen Liebe. Abgeschlossen hat sie es nicht. Das machte ihr lange Zeit zu schaffen. Eine typische Frauenbiographie: Heirat, eine Ehe, die Kinder ... Der Beruf steht zurück, wird nebenher betrieben, es kommt alles ein wenig zu kurz. Gleichwohl werden Erfahrungen fruchtbar. Das Leben an der Seite eines Arztes, die Beschäftigung mit Psychologie, der Umgang mit Patienten schärfen den Blick für das Ausser-Gewöhnliche, für das, was von der Norm abweicht und aus dem Rahmen des Üblichen fällt. Gute Kunst tut das fast immer. Und vor allem jene, für die Annemarie Monteil sich ganz besonders interessiert: die Bildnerei Geisteskranker.

Nach der Scheidung und dem Wegzug aus Solothurn wird die Beschäftigung mit Kunst intensiver; jetzt wird sie zum Lebensunterhalt. Die Journalistin Annemarie Monteil schreibt für die 'Solothurner Zeitung', für die 'National-Zeitung', später 'Basler Zeitung', für die 'Weltwoche', fürs 'du'. Sie schreibt über bedeutende Retrospektiven in den grossen Museen wie über kleine Ausstellungen noch unbekannter Künstler in abgelegenen Galerien. Annemarie Monteil macht da keinen Unterschied. Die Sorgfalt und Behutsamkeit, mit der sie an das Werk eines Künstlers herangeht, sind die gleiche, ob es sich um Klee, Max Ernst und Meret Oppenheim handelt oder um einen jungen Künstler, der gerade erst angefangen hat. Annemarie Monteil hat die Menschen im Blick, nicht ihren Preis.

Bei der nunmehr professionellen Auseinandersetzung mit Kunst sind ihr frühe Erfahrungen zugute gekommen: die Begegnung mit der Moderne in Paris, wo sie ihren ersten Picasso, ihren ersten Braque, ihren ersten Mondrian gesehen hat, und während der Solothurner Zeit die Begegnung mit Schweizer Malern im Haus des bedeutenden Sammlers Josef Müller. Dies und später dann die Bekanntschaft mit Max Rüdlinger in Basel, mit Conte Panza di Biumo in Varese, dem grossen Vorkämpfer für die Minimal Art, die Arte povera, die Jahre mit ihrem Lebensgefährten Hans Luder, der ihr den Blick für Architektur schärft, nennt Annemarie Monteil ihre ganz private 'Sehschule'. In einer schönen, ihrer Art entsprechenden Mischung aus Studium und Freundschaft lernt Annemarie Monteil sehen, was noch ungewohnt ist und wofür es noch keine festgelegten Begriffe gibt. Dieser Schulung ist Annemarie Monteil in ihrer kunstkritischen Arbeit bis heute treu geblieben. Sie scheut sich nicht, den Boden des Gesicherten zu verlassen und auf die Suche nach künstlerischer Terra incognita zu gehen; im Gegenteil, es reizt sie, Entdeckungen zu machen, neue Menschen kennenzulernen und ihrer Art, sich künstlerisch auszudrücken, mit Neugier und einem hohen Mass an Einfühlung auf die Spur zu kommen.

Sie finde es falsch, sagt sie, alles nach Stilen einzuteilen und nach Stilen zu beurteilen. Was sie möchte, worum sie sich in all ihren Arbeiten bemüht, ist dies: akzeptieren, was gemacht wird, in allem, was gemacht wird, die manchmal noch verborgene Qualität aufzuspüren und zu erkennen versuchen, wie – ja, nennen wir ihn ruhig so – der Zeitgeist sich durch alle Stile hindurch und über jegliche Manier hinweg Ausdruck verschafft. Ihr Nachteil sei es, meint Annemarie Monteil, dass sie in ihrem Urteil zu wenig eindeutig sei, zu sehr dem 'ja, aber' anhänge. Ob das wirklich ein Nachteil ist – darüber wäre zu streiten. Sicher ist, dass es Annemarie Monteil mit der ihr eigenen Scheu und Achtung vor dem, was Menschen sind und was sie tun, immer wieder gelingt, verborgene Schätze zu heben und Kostbarkeiten auszumachen, wo sie vor ihr keiner vermutet hat. Und wie sie dann darüber schreibt, wie sie für den Leser Unsichtbares sichtbar macht und Bilder in Worte umzusetzen vermag, das macht ihr so leicht niemand nach. Da gibt es keinen Kunstkritikerjargon, keine leicht verfügbaren Schlagworte und gelehrte Versatzstücke; da gibt es nur das unendlich behutsame Sich-Herantasten der Sprache an das Geheimnis schöpferischen Tuns, das nie gewaltsame Einordnen in vorhandene Entwicklung und schliesslich der gewagte, aber immer vorsichtige Versuch, mit Worten zu sagen, was das Auge wahrgenommen hat – in sehr genauer Beobachtung. Annemarie Monteils Kunstbetrachtung kennt kein Ungefähr.

Wie alle ihre Kolleginnen und Kollegen hat auch Annemarie Monteil ihre Vorlieben und Spezialitäten. Sie können wechseln im Laufe der Zeit; wer genau hinschaut, erkennt den Weg, dem sie treu bleibt. «Strenge und Poesie» nennt sie selbst die Eigenschaften eines Kunstwerks, das sie anzieht. Klee wäre da zu nennen, Max Ernst, Meret Oppenheim, Joseph Beuys, die kühle, meditative Kunst der Minimalisten. Zur Zeit seien es insbesondere Zeichnungen, die sie beschäftigten, sagt Annemarie Monteil, und ganz allgemein Kunst von Frauen, die vor allem, eine schwesterliche Kunst. In allem aber sucht sie im Grunde dasselbe: die Wahrheit des künstlerischen Ausdrucks, die jedem Künstler eigene, unverwechselbare Wahrheit. Es sind Glücksmomente für Annemarie Monteil, wenn sie glaubt, sie gefunden zu haben. Wo ins Unreine geredet oder gemalt wird, wo sie Unechtes wittert, da wird sie traurig. Das ist ihre Art der Ablehnung, der Kritik.

Annemarie Monteil gehört zu den Journalisten, die sich nicht scheuen, von sich zu reden. Zum eigenen subjektiven Standpunkt stehen, die Grenzen der eigenen Aufnahmefähigkeit zugeben und spontane Gefühle und Empfindungen nicht ausschliessen – das ist kritische Redlichkeit, wie Annemarie Monteil sie versteht und hochhält. Das macht nicht unbedingt sehr selbstsicher und ist der Karriere im allgemeinen Gerangel um Positionen nicht unbedingt immer förderlich; auf die Dauer aber zahlt es sich aus. In den zwanzig Jahren, da Annemarie Monteil als Kunstkritikerin tätig ist, hat sie sich einen Namen geschaffen, der für Sorgfalt steht, für unbedingte Verlässlichkeit und eine Qualität, die mit Wissen und Bildung ebenso viel zu tun hat wie mit einem hohen Grad an Einfühlung. In ihren besten Arbeiten nähert Annemarie Monteil sich dem Ort, den sie – bezogen auf die Aquarelle von Joseph Beuys im Kunstmuseum Basel – selbst einmal als den Ort des Gelingens beschrieben hat: den Ort, an dem «Materie in Geist um-

schlägt oder ein Gedanke sich zur Form verfestigt».
Besser kann man es nicht sagen.

Klara Obermüller

Künstler aus Geschichte und Gegenwart

*Cy Twombly
im Kunstmuseum Bern und
in der Kunsthalle Basel*
Auf der Suche nach einer Sprache

Gelegentlich sah man vereinzelte Bilder von Cy Twombly in einer Sammlung neuester Kunst. Sie wirkten zwischen Op und Pop wie verlorene Kritzeleien: tieferes Geheimnis oder Kindergestammel – es war ihnen nicht beizukommen. Man wusste von einem legendären Einfluss des heute 45jährigen Amerikaners auf andere Maler. Man versuchte, ihn zwischen Kline und Pollock einzureihen, ihn bei der Konzeptkunst anzubinden, was sich sogleich als unzutreffend erwies. Er ging durch alle Netze. Im kleinen Kreis hochgeschätzt, ist er, wie Carlo Huber feststellt, «nie richtig ins Bewusstsein des Publikums gedrungen».

Fährten

Farbkleckse, Liniengewirr, Strickknäuel. Eine wacklige Diagonale, schwer lesbare Schriftzeichen, Kratzspuren in Ölfarbe, eine schmierige schwarze Wandtafel, über die Kreidelinien abrollen. So etwa präsentiert sich beim ersten Sehen die Berner Ausstellung von Cy Twombly.

Man hat Lust, diese Bilder rasch als kraklige Schreibübung oder als späten, untauglichen Konservierungsversuch der informellen Malerei abzutun. Und geht dann doch, einer langsamen Ausstrahlung unterliegend, immer wieder den auf wenige Grau- oder Ockerfarben reduzierten Leinwänden entlang. Da fällt auf: die sensiblen, hochmalerischen Untergründe in cremigem Weiss oder in Schiefergrau, die sich schichtig zu überlagern scheinen, manchmal wie aufgerissen wirken, um immer wieder neue Hintergründe freizugeben. Entfernt denkt man an Tapiès' mauerartige Fonds. Es fehlt aber bei Twombly die Grandezza des Spaniers, hier ist mehr physisch träge Materie, die wenig und widerwillig von ihrem (ungeahnten) Zauber freigibt. Und als zweites über diesem Untergrund skripturale Gesten mit Bleistift oder Kreide.

Daneben die Zeichnungen im Basler Kunstmuseum. Sie sind chronologisch gehängt und lassen eine Entwicklung erkennen, die Hinweise gibt. Franz Meyer deckte in seiner Vernissagerede drei Phasen auf, die er von der ablehnenden Einstellung des Publikums her umriss: Formlosigkeit für das frühe Werk, dann provozierend unverhüllter Sex, schliesslich Unverständlichkeit.

'Formlosigkeit' äussert sich eher als zeichnerische Unbeholfenheit, so in Basel in den ersten Blättern von 1954 mit fasrigen Linien und Kritzelrunen. 1957 zieht Twombly nach Rom, wo er auch heute lebt. Jetzt werden die Zeichnungen wild mit zuckenden Linien, Farbspritzern; die Ölfarbe wird mit Händen aufgetragen. Geschlechtssymbole, Sperma, Brüste, Titel wie 'Crimes of passion' erzeugten die Proteste.

Rom hilft aber, dass sich nun die Kompositionen bewusster aufbauen, was bisher völlig fehlte. Verszeilen (von Sappho, Keats) und rechteckige Tafeln wie von Grabmalen rhythmisieren die Flächen. Leonardo (welcher Maler zitierte ihn heute nicht!) taucht in einem photographierten Faltenwurf auf, dem Twombly seine zögernden Diagonalen und Zahlen beifügt: 'Veil', Schleier, als immer neues Thema, das in Bern zu einem immensen Bild 'Schleier des Orpheus' wird und das

---

Cy Twombly (*1929), Study Presence of a Myth, 1959
Cy Twombly setzt seine Erfahrungen mit sich selbst und unserer Kultur in wortlose Zeichen um. Ein Höhlenmaler unserer Gegenwart.

überhaupt für den sich immer wieder entziehenden und verschleiernden Maler als Sinnbild stehen könnte.

Seismograph

Seit 20 Jahren malt Twombly – nach der Ausbildung an verschiedenen Kunstschulen – in ähnlicher Weise. Es wäre falsch, dies als Manier oder zelebrierte Geste zu bezeichnen. Denn immer wieder bricht zugleich unterschwellig und eruptiv der Urstoff Leben durch. Und dies in recht ungewohnter Form. Man meint andauernd, etwas von der Mühsal eines Mannes zu verspüren, der sich in einem fremden Land ohne Karten und Wegmarken befindet. Dabei äussert sich in geradezu bedrängender Weise jenes 'unerklärliche Unbehagen', das in Hofmannsthals berühmtem Brief den jungen Lord Chandos allem Bekannten und Vertrauten gegenüber beschlich: bis ihn die Fähigkeit verliess, «über irgend etwas zusammenhängend zu denken oder zu sprechen», weil keine bekannte Sprache ihm entsprach, «sondern eine Sprache, von deren Worten mir auch nicht eines bekannt ist».

Auf der Suche nach dieser neuen Sprache scheint Twombly unterwegs zu sein. Sie liegt bei ihm zwischen der kalligraphischen Schriftmitteilung und sehr malerischen, aufhellenden und sich wieder verschleiernden Farbgründen. Eines ist sicher, dass sie mit Naivität überhaupt nichts zu tun hat, eher mit verschlüsselndem Stammeln.

Die Betroffenheit, aber auch eine gewisse Hilflosigkeit des Beschauers gegenüber diesen Aussagen liegt nun darin, dass man ständig den Willen spürt zu einer Mitteilung, die sich aber im entscheidenden Moment der Dechiffrierung entzieht. Das wird noch erschwert, weil der Künstler einem nur in den seltensten Fällen den

Weg oder Zugang über die Ästhetik anbietet.

Eine Sprache, eine Schrift möchte man verstehen. Man kann sie nicht nur visuell betrachten. Um so mehr, wenn man dahinter geradezu eine Besessenheit des Autors spürt wie hier. Und darin liegt die eigentliche Faszination. Twombly macht den Beschauer zum Pseudo-Hieroglyphenforscher: Gelingt es, oder gelingt es nicht zu entdecken, was gemeint ist? So entstehen denn die weitschweifigsten Deutungsversuche. Da Twombly ein hochgebildeter Mensch ist, spielen Bezüge zur Antike, zu Dichtung und klassischer Malerei hinein, was wiederum Anlass zu mannigfaltigsten Interpretationen, zu ganzen kulturhistorischen Beziehungsnetzen gibt.

In diesem vielseitig Deutbaren und wiederum nicht Deutbaren liegt die Essenz dieser Malerei. Und ebenso der Grund, dass derjenige, der solche Zwischenreiche nicht anerkennt, sein krasses Unverständnis anmeldet – und wohl auch zugeben darf. Psychische Seismogramme hinter Glas sind nicht jedermanns Sache. Und Twombly scheint sich im wörtlichsten Sinne einer Seismographennadel zu bedienen, die auf ein Schreibband das Grollen naher und sehr ferner Erdbeben auftupfend registriert.

Flucht

Heute, da die Diskussion über Inhalt und Form, über reine Ästhetik und engagierten Hintersinn nicht abbricht, sind solche Ausstellungen von grossem Interesse. Jeder wird sich und seine Urteile an diesen individuellen Geheimdokumenten messen können. Schliesslich aber 'liest' man diese seltsame Schrift doch am ehesten wie die Spur eines scheuen Wildes, das ständig in Bewegung ist, flüchtend und sich unaufhörlich markierend.

1973

Anselm Feuerbach
Kunst jenseits vom Leben

Im grossen, sentimentbeladenen Entdeckerzug der Zeitgenossen ins 19. Jahrhundert war es eigentlich zu erwarten: Nach Makart, den Präraffaeliten, den Symbolisten musste Feuerbach kommen. Dass die Karlsruher Kunsthalle sich dieser Aufgabe annahm, ist verständlich. Denn sie besitzt selbst eine grosse Sammlung von Feuerbach-Bildern, darunter das in die Räumlichkeiten altarhaft eingebaute 'Gastmahl des Plato' von 1869.

Friedrich Anselm Feuerbach wurde 1829 in Speyer als Sohn eines Gymnasialprofessors für Griechisch und Latein geboren. Der Vater erzog den Jungen sozusagen mit der Milch der Klassik. Einige Monate nach Anselms Geburt starb die Mutter an Tuberkulose. Eine zweite Ehe mit Henriette Heydenreich brachte eine neue Mutter, die Anselm zeitlebens auch Freundin, Helferin in seelischen und finanziellen Nöten wurde und die damals am meisten zur Verbreitung seines Ansehens unternahm. Sie war hochgebildet und schriftstellerte weit über das Dilettantische hinaus. Anselm muss sie – das klingt in den Briefen an – wohl stets ebenso geliebt wie egozentrisch ausgenutzt haben. In Düsseldorf bildete er sich zum Maler aus, neben ihm arbeiteten in der gleichen Akademie Arnold Böcklin und Gottfried Keller. Aufenthalte in Heidelberg, München, Paris, Karlsruhe, Rom folgen. Der psychisch labile Feuerbach führt ein unstetes Leben, hat Selbstmordgedanken, ist von Schlaflosigkeit gepeinigt und ständig in Finanzsorgen. Er kommt sich von seiner Zeit verkannt vor, was nur zum Teil stimmt, denn immer finden sich wieder Freunde für sein Werk. Er selbst aber verbarrikadiert sich durch Arroganz (oder Verletzlichkeit?) manchen Weg. So behielt er eine aussichtsreiche Lehrstelle an der Wiener Akademie nur für kurze Zeit. Der Malerfürst Makart in derselben Stadt war ihm unerträglich: «Makart malt täglich acht Stunden», schrieb er 1872. «Dieses diarrhöartige Produzieren in seiner asiatischen Trödelbude missfällt mir.»

Zwischen allen misslichen Umständen entstehen in verschiedenen Ateliers die majestätischen Bilder, die spärlich Käufer fanden und meist nur zu Preisen, die dem Maler zu niedrig schienen. Er wurde immer ruheloser und eigenbrödlerischer, verkehrte schliesslich ausser mit seiner Mutter nur noch mit dem Rahmenmacher und dem Vergolder. Am 4. Januar 1880 fand man den Fünfzigjährigen nach einem Herzinfarkt tot im Bett. Im April desselben Jahres brachte eine Ausstellung des Nachlasses in der Berliner National Galerie erste künstlerische und finanzielle Erfolge. Ein halbes Jahrhundert später gehörte Feuerbach – vor allem mit der immer wieder reproduzierten 'Iphigenie' – zum festen deutschen Bildungsgut.

Dieser schwierige, unausgeglichene, zeitlebens in gewissem Sinne pubertierende Mensch malt nun die hehren, auf reine und edle Haltung angelegten Bilder, in die nichts von seinen Schwierigkeiten eingeht, oder zumindest davon nichts unmittelbar sichtbar wird. Vielleicht war die Kunst für ihn ein programmatischer, ja zwangsvoller Akt der Rettung ins Hohe vor der eigenen Zerrissenheit. Er selbst schreibt als 26jähriger an die Mutter: «Wie kommt es doch, dass meine Bilder so fest und unberührt dastehen und ich bin wie ein schwankendes Rohr?» Das Werk scheint gleichsam jenseits der Grenze des Lebens angesiedelt. Und es mag sein, dass es diese Kluft zwischen dem Künstler und seiner Produktion ist, die den Beschauer der Bilder als eine Art Unbehagen beschleicht.

Denn es hinterlässt die Karlsruher Ausstellung einen

zwiespältigen Eindruck. Die strengen, antikisierten Figuren mit grossflächig drapierten Gewändern weisen den Betrachter auf merkwürdige Art ab. Das Format macht eine grosse Distanz notwendig. Und diese einzuhalten, fällt einem nicht schwer, denn man merkt bald, dass einem von nahe kein grosses malerisches Erlebnis zuteil wird. Es ist keine Pinselschrift vorhanden, und auf Detailreichtum verzichtete Feuerbach, der gross sehen wollte. Dermassen auf Abstand gesetzt, möchte man sich an den Gesamtbau der Bilder halten. Nun erweist sich aber, dass die bemüht angestrebte grossflächige Bildarchitektur letztlich nicht zwingend ist. Das heisst, sie könnte oft auch ebensogut anders sein. Kein grosser Atem vermag mitzureissen. Weil die kompositionelle Gesamtvision fehlt, bleibt es bei gekonnt komponierten Einzelgruppen, die kein vitaler Regisseur aus ihrer verstaubten Theatralik zu befreien vermochte (wie das dem lebensvolleren Makart mit kühneren Dispositionen doch immer wieder gelang, dessen 'Pest in Florenz' als Vergleichsbild zu Feuerbach gehängt wurde). Wie sehr das formal und geistig zu gross Gewollte als Barrikade und Erstarrung wirkt, ist nachzuprüfen in kleineren Bildern, die einem unmittelbar anspringen: in einigen Selbstporträts und dem innigen Bild der Mutter Henriette.

Die Palette Feuerbachs verstärkt den Eindruck des Lebensunfrohen. Sie ist auf einen matten, grauen Gesamtton gestimmt. Die Farben haben nichts Sinnlich-Zupackendes, was den Figuren selbst eine gewisse Starre und Eros-Armut gibt. Das mochte zum Teil in der Absicht ihres Schöpfers liegen, der von seinen Bildern als Positivum vermerkte, sie hätten «nichts Menschliches mehr».

Feuerbach war einem krampfhaften, ideal gemeinten bürgerlichen Bildungsethos erlegen, das Befreiung im Ästhetischen suchte. Aber er vergass, dass dieses Ästhetische nur zum Blühen kommt, wenn es nicht vom Glück und vom Leid des tatsächlichen Lebens weg in eine künstliche Truhe abgesondert wird.

1976

Ferdinand Hodler
Wachsen in die Einsamkeit

Wieviel an innerem Wesen und erlittenem Schicksal vermag ein Gesicht preiszugeben? Was bewegt einen Maler, sich immer wieder selbst darzustellen? Anlass zu solchen Fragen gibt eine grossartige Ausstellung im Kunstmuseum Basel: die Selbstbildnisse von Ferdinand Hodler.

Die 115 Gesichter sind fast immer dem Beschauer zugewandt. Die bei andern Malern so beliebten Zutaten wie Mützen, Malutensilien, Todessymbole fehlen weitgehend. Um so leidenschaftlicher kommen die reinen Probleme der Malerei zum Ausdruck. Das beginnt mit Selbstbildnissen des Zwanzigjährigen, die eine stupende Beherrschung der altmeisterlichen tonigen Technik aufweisen. Im Ausdruck Hodlers dominiert tiefer Ernst, und dass dieser der Malerei selbst gilt, zeigt sich im Treueeid zur Kunst des die Finger feierlich erhebenden 'Studierenden' von 1874.

Für diese malerischen Exerzitien war wohl der eigene Kopf das am leichtesten zugängliche Modell. Deshalb muss man zu viel deutende Psychologie vermeiden. Es sei denn, Schicksalhaftes springe einen geradezu an wie im 'Selbstbildnis des Bruderlosen'. Hodler hatte 1879 den fünften und letzten Bruder an der damaligen 'Krankheit der Armen', der Tuberkulose, verloren. Ein wahrhaft tragisches Gesicht schaut uns an, die eine Gesichtshälfte vom Dunkel des Grunds aufgesogen, die Augen merkwürdig hell und jenseitig.

Ferdinand Hodler (1853—1944), Der Zornige, 1881
Hodlers Selbstbildnisse: Die Spannweite einer bildnerischen Selbstbefragung, vom Zorn des eine Kritik zerreissenden jungen Künstlers bis zur monumentalen Einsamkeit des alten Malers.

Zwei Jahre später ein ganz anderer emotionaler Ausdruck: 'Der Zornige' zerknüllt eben das Papier mit einer – offensichtlich – ungnädigen Kritik. Und tatsächlich verfuhren damals die Rezensenten meist miserabel mit Hodlers Kunst. Das verwundet-erboste Gesicht sollte sich jeder Journalist vor einem Verriss auf den Schreibtisch stellen.

'1883. F. Hodler', leuchtet rot die Signatur – es ist das 'Selbstbildnis mit dreissig Jahren'. Und hier beginnt, was man eine 'monumentale Selbstbehauptung als Mensch und als Künstler' nennen könnte. Man schaue dazu die Vorzeichnungen an, nicht nur weil sie wundervoll in der linearen Modellierung sind, sondern auch, weil sich hier Hodler noch fragend zum Beschauer diagonal aus dem Bild beugt. Das Ölbild nimmt dann diese Geste der Hinwendung zurück, der Kopf ist jetzt aufgerichtet, parallel zum Bildrand, unnahbar geworden. Jetzt ist er also im Ansatz bereits da, der dreizehn Jahre später als Vision der Stärke und Unbesiegbarkeit aus Wolken hervorbricht: der Tell, Hodlers grösstes, wenn auch stark stilisiertes Selbstbildnis.

Dass jene (um sieben Jahre frühere) Komposition, der sein expressivstes, bedrohtestes Selbstbildnis eingefügt ist, im grossen Mittelsaal dem Tell gegenüber hängt, zeigt die Spannweite. Es ist die gewaltige 'Nacht' aus dem Berner Kunstmuseum, wo Hodler inmitten schlafender Paare unter einer schwarz verhüllten Gestalt in qualvollem Schrecken erwacht. Da wird am unmittelbarsten deutlich, wie ihn der Gedanke an das mit dem Tod verbundene Dunkle immer begleitet haben muss. Anlass dazu hatte er wohl, vom frühen Sterben der Eltern und Geschwister über den Verlust von zwei Geliebten bis zur hier unheimlich vorweggenommenen eigenen Altersatemnot durch Asthma. Aber neben dieser persönlichen Bedrängnis darf man nicht übersehen, dass die 'Nacht' eines der grandiosesten Bilder Hodlers ist: im Aufbau und in der allgemeingültigen Aussage, die weit über den biographischen Befindlichkeiten eines Malerlebens steht.

Eindeutig klingt persönlich Schicksalhaftes auf in den beigefügten Gemälden von Valentine Godé und dem Töchterchen, das sie dem Sechzigjährigen gebar, vor ihrem Sterben. Oder dann in zwei Skizzen, dem sich zärtlich über Hodler neigenden Profil Valentines und zwei sich aneinanderpressenden Mann-Frau-Silhouetten mit der unerwarteten Notiz 'Je te déteste'. Das jedoch bleibt ganz privat im Studienheft. Hass und Liebe, Geburt und Tod, sie sind höchstens erahnbar in den weitaufgerissenen Augen, mit denen sich der alternde Hodler nun darstellt. Und dann in dem wie Bernstein durchsichtigen Blick nach dem Tod von Valentine, da sich der Bogen zum 'Bruderlosen' mit ähnlichen Augen zurückschlägt – zweite Rückkehr vom Hades.

Bis zum Tod 1918 setzt Hodler seine Selbstbildnisse fort. Sie ragen nun auf wie monolithische Blöcke, frontal, vor hellem Grund. Es gibt Variationsreihen mit erstaunlich wenig Änderungen. Brüschweiler vergleicht zu Recht diese Bilder mit einem verwitterten, unerschütterlichen, scharf silhouettierten Bergmassiv. Es ist unübersehbar, wie sich Hodler immer mehr zurücknimmt in eine grosse Einsamkeit.

Und die versprochene 'Selbstbiographie'? Man suche nicht eine eigentliche autobiographische Kette und hüte sich, Dinge hineinzusehen, die uns aus direktem Wissen bekannt sind. Was die Bilder sind, das ist ein Stück gelebtes Leben an sich. Und was sie aussagen, ist vom einsamen Tun des auf sich allein gestellten Mannes, der mit der Form ringt, um sie zum Inhalt zu führen.

Wie eine Bastion steht Hodlers zerfurchtes Gesicht vor dem Verfliessen der Zeit, schiebt sich seine gestalterische Kraft vor die Unendlichkeit des Todes. Hodlers Selbstbildnisse liefern keine Biographie, sondern eine Botschaft.

1979

Agat Schaltenbrand
Das Zarte und das Heftige

Zum Kuckuck mit den etikettierenden Begriffen. Nun zählt man die Basler Malerin Agat Schaltenbrand plötzlich zu den 'Wilden'. Dabei malt sie seit bald drei Jahrzehnten so, und die Heftigkeit ihrer Pinselschrift hat nichts mit der heute beliebten 'Raschmalerei aus dem Bauch' zu tun. Vielmehr bringt Agat Schaltenbrand es fertig, das Streitbare und Schwermütige der eigenen Seele mit hohem Kunstverstand vorzubringen. Was in Grossformaten etwa so zum Ausdruck kommt: Über peinture-subtile, vielschichtige Farbgründe in Grautönen legen sich Balken, Figurenrelikte, Vegetativformen, denen impulsive Malgesten und scharfe Farben eine Dramatik geben, als würde man in der Stille von heftigsten, teils dissonanten Orgelklängen überfallen. Ein in schrillem Rot wie hackend hingesetztes Kreuz oder waghalsige kompositionelle Kippsituationen werden dann von einem starken künstlerischen Ordnungswillen immer wieder aufgefangen. Malerisches zu Linearem erzeugt Spannungsfelder. Was da an Wut und Zartheit, an Anarchie und Disziplin einer sensiblen, kompromisslosen Frau investiert ist, lässt sich so rasch nicht aussehen.

1983

Bernard Buffet
Die vermarkteten Ängste

Es begann wie im Märchen. Ein junger Maler friert und hungert sich durch in Paris. Über Nacht wird er berühmt. Museen und Sammler reissen sich um seine Bilder, von denen er jetzt jeden Tag eines fertig haben muss. Natürlich zu Höchstpreisen.

Genau so passierte es 1948 mit dem eben zwanzigjährigen Bernard Buffet. Der Sohn eines Bergmanns, dem man nach vorzeitigem Schulabschluss vor allem gutes Zeichnen attestierte, fand glaubhafte Chiffren der Tristesse, mit denen sich damals Menschen im kriegszerstörten Europa blitzartig identifizieren konnten.

War der frühe Ruhm auch künstlerisch zu rechtfertigen? Die sehnigharten Linien, womit Buffet seine ausgemergelten Menschen und kargen Stilleben umriss, seine asketisch graubraune Farbgebung und die ausgewogene Kompositionsweise deuteten auf eine vielversprechende Begabung, die aber noch der Entwicklung bedurft hätte.

Wie hat Buffet das Versprechen eingelöst? Eine Ausstellung im Seedamm-Kulturzentrum Pfäffikon SZ gibt mit Bildern der letzten zwanzig Jahre eine niederschmetternde Antwort. Man beginnt zu verstehen, warum europäische Kunsthäuser um den einst Hochbezahlten eisiges Schweigen legen.

Wandgrosse Gemälde, die Figuren mit stereotyp schmalen Gesichtern schwarz umrandet, kiloweise krustige Farbe in oft aggressiven Tönen. Die Motive sind zu Zyklen ausgewalzt. Im ersten Raum die Geschichte der Jeanne d'Arc, die dank einer etwas buchmalerischen Allüre noch als Historienillustration angehen mag. Aber es kommt schlimmer.

Die Verbildlichung von Dantes Höllenkreisen und die Abfolge der verrückten Frauen zeigen, zu welchen formalen und inhaltlichen Ausleierungen eine Verbindung von geistiger Primitivität und hohler Graphik führen kann. Blumen- und Früchtestilleben erscheinen sogar wie unsorgfältige Fälschungen von früheren Buffets. Ein einst talentierter Maler kopiert sich selbst bis zur Seichtheit, in einem Clownbild bis zur Karikatur.

Bernard Buffet lebt mit Frau Anabel und drei Kindern bestens in einem Normandie-Cut. Seine Verehrer errichteten ihm in Japan ein eigenes Museum. Das sei ihm nicht angekreidet. Bedenkenswert wäre aber der unaufhaltsame Aufstieg und Fall des Bernard Buffet auch für heutige Kunstregisseure, die zwar die jetzigen Käufer von Buffet-Bildern belächeln, aber emsig andere jüngste Begabungen empormanipulieren. Und damit oft die Maschinerie des Kunsthandels in Bewegung setzen, die dann unheilvoll für den Künstler werden kann.

Es gibt gegenwärtig ein paar junge Wilde, die sind – sogar mit verwandten Elendsthemen – an Überproduktion mit entsprechend drohendem Leerlauf gar nicht so weit weg von Bernard Buffet. Vielleicht wäre einmal von Behutsamkeit oder Überforderung der Promotoren gegenüber 'ihren' Künstlern zu reden.

1983

Robert Filliou
Von der fröhlichen Einsamkeit

Widersinnig und wunderbar, harmonisch und verrückt: alles trifft zu auf die Retrospektive Robert Filliou in der Kunsthalle Bern.

Auf den ersten Blick frappiert die Mischung von Ordnung und Anarchie, von der Ästhetik der Arrangements und der Alltagsmickrigkeit der dazu verwendeten Gegenstände.

Ein Velorad auf einer Kiste montiert, mit der Aufschrift 'The Beginning, The End and The Future', deutet auf den Künstlervater Duchamp hin. An den Wänden unzählige kleine, propere Holzkistchen, unterteilt wie Vitrinen; Gegenständchen sind eingereiht, etwa rote Puppensocken, Kiesel, Büchsen. Dazu stets ein Stempel mit der Dreierwahl 'gut gemacht – schlecht gemacht – nicht gemacht', beliebig angekreuzt von Filliou, der mit diesem seinem 'Prinzip der Äquivalenz' listig das Kunsturteil ins Outside manövriert.

Im grossen Oberlichtsaal dann lauter Metallnotenständer, im Kreis wie zur Kammermusik geordnet, und an Stelle der Notenpulte Spielkarten oder kleine Spiegel: ein fragiles, fürs Ohr stummes, aber fürs Auge klingendes Orchester, Titel 'Musique télépathique 1976'. Oder vielleicht: Jeder musiziere mit seinen Mitteln. Auf Blättern und Wandbespannungen schliesslich verschlüsselte Kunst- und Lebenssysteme, die an Tafeln des Tantrismus denken lassen.

Und alle diese Zettelkasten, Objekte, Schachteln sind in sich sorgfältige, konstruktiv-schöne Kompositionen. Also ein Schaugenuss. Aber einer, der nicht rasch ausgeschöpft ist, einer ohne Gag und Blitz-Aha. Denn da spürt man eine hintergründige Strategie, die den Beschauer unaufhaltsam in ein Reich heiterer Vertauschbarkeiten und geheimnisvoller (und doch begreifbarer) Absurditäten hineinschlittern lässt.

Womit es höchste Zeit ist, den Spielmagister Filliou selbst vorzustellen: 1926 im südfranzösischen Dorf Sauve geboren, schloss er sich 1943 dem Untergrundkampf an, zog später in die USA, wo er Ökonomie studierte, abschloss und sich dann als Nachtwächter, Hilfskellner und wissenschaftlicher Assistent durchbrachte. Sein ernstes Gesicht im photographischen 'Portrait de l'artiste' gleicht trotz aufgesetzter Kinderpapiermütze eher einem Mathematiker als einem Künstler.

1959 kehrte Filliou nach Europa zurück, veranstaltete Aktionen, gründete mit Georges Brecht einen seltsamen Laden, in dem sie 'Objekte erfanden und entfanden', Schwebegedicht und Rebusse 'postalisch verkauften', eine 'Anthologie der Missverständnisse' herstellten und die Besucher lehren wollten, 'zu einer fröhlichen Einsamkeit jedes menschlichen Wesens zu gelangen'.

Impuls des bald närrisch, bald philosophisch erscheinenden Tuns ist Fillious Glaube an die 'création permanente', an eine unaufhörliche Schöpfung: Der Künstler – und das ist der phantasievolle, bewegliche Mensch – setzt unerwartete Dinge in die Welt, die sich 'kreativ fortpflanzen' ins Unendliche. Trotz gewisser Verwandtschaften mit Beuys hat Fillious Botschaft nichts Mystisches aus nordisch-nebligem Raum. Der Franzose besitzt jene Clarté des Geistes und Tuns, die Heiteres und präzis Reales einschliesst.

Das Heitere: Es kommt unmittelbar in den Objekten zum Ausdruck, vom riesigen Plastikzylinderhut mit zaubrigem Inhalt bis zur Aufschrift: 'Ich hasse Arbeit, die nicht Spiel ist'. Unter 'Spiel' verstehe man nicht den heute gängigen 'lässigen Plausch', sondern eine so urtümliche, unverkrampfte Lust am eigenen Schaffen, dass die Grenzen zwischen Leben und Kunst einschmelzen. Schwer verständlich? Man schaue, wie Kinder spielen: das ist gemeint. Ein anderer Name wäre wohl 'Freiheit'.

Nun zum präzis Realen: Filliou scheut sich nicht, dem Beschauer (oder Leser seiner Bücher) Rezepte anzubieten. Er fragt etwa: «Was tust Du? Was denkst Du?» Um dann dem Antwortenden zu entgegnen: «Tu was anderes – denk was anderes.» Nicht Flucht, sondern heilsame Anweisung gegen Erstarrungen jeglicher Art.

Wer sich ins Spiel der paradoxen Logik eingeübt hat, dem werden weitere Vorschläge Fillious nicht nur verständlich, sondern – wie mir – brennend notwendig erscheinen, zum Beispiel: «Länder, die heute an einen Krieg denken, werden aufgefordert, zu erwägen, vorher und anstatt eines Krieges ihre Kriegerdenkmäler auszutauschen.»

Filliou ist kein Utopist. Er hofft aufs Jahr 2000, in dem «einige meiner Ideen und Konzepte gebraucht werden. Seit kurzem sage ich, dass ich für das Jahr 3000 arbeite». Ob er Idealist ist, wird sich erweisen.

1985

Max Ernst
Künstlichkeit der Landschaft

Landschaften von Max Ernst. Die Beschränkung auf das inhaltliche Thema ist wohlüberlegt und bildet sogar einen neuartigen kunsthistorischen Beitrag zum Œuvre. Denn im Schaffen von Max Ernst spielen die Darstellungen von 'Landschaft' im weitesten Sinn eine derart zentrale Rolle, dass sich damit eine gültige Retrospektive bilden lässt. Gültig deshalb, weil Galerist Ernst Beyeler 65 Bilder von höchster Qualität zusammenbrachte und zwar aus verschiedenen Schaffensphasen von 1929 bis 1974.

Da gibt es das Thema Wald: Balkenformen, Tropfsteingebilde, Holzmaserungen, sogar eine gestreifte Tapete können für 'Bäume' stehen. Und dann setzt Max Ernst in zartfarbene Himmelszonen den Kreis eines Mondes – und siehe, die Musterungen sind wahrhaftig stimmungstiefer Wald.

Aus präzisen vegetativen Formen von Pilzen oder Kakteen schauen Koboldgesichtchen, Tiere, Helme: Bei Ernst ist die Welt in ständiger Verwandlung zwischen Schönheit und Schrecken, Leben und Erstarrung. Ein anderes Mal ist ein kleines Rechteck eines weissbemalten Wellkartons in die Bildmitte gesetzt, darüber ein dunkler Zirkelkreis, Titel 'Forêt'. Ich kenne keine konzentriertere Chiffer für das Erlebnis des meditativen Waldgängers.

Man hat richtig gelesen: Wellpappe und Tapete, es gibt auch Spitzenbordüren und Collageteile aus botanischen Lexiken. Wenn auch die Einzelelemente erkennbar sind, so sind die ungewohnten Materialien kompositionell und malerisch meist derart perfekt eingebunden, dass etwas ganz Neues, Suggestiv-Geheimnisvolles entsteht, eine Stimmung des Überwirklichen, wie sie der

Traum kennt. Aber wie unendlich wach muss dieser Träumer gewesen sein!

Zur Landschaft gehört bei Max Ernst die Sphäre der Gestirne. Die Ausstellung belegt, wie er schon 1926 in konzentrischen Rädern, 1955 mit kreisenden Monden ausserirdische Zonen betreten und eigentlich die Erlebnisse der Raumfahrt visionär vorweggenommen hat. Als dann die Astronauten wirklich auf den Mond flogen, muss ihn das fasziniert und erneut für kosmische Sichten angeregt haben. Er erfand 1969 mit einem Riesenkreis aus bald präzisen, bald schleier-verwischten Rasterpunkten die 'Naissance d'une Galaxie'. Und amüsiert liess der 87jährige quirlige Figuren im zündroten Grund tanzen samt Vögeln und Mond: 'Kinder spielen Astronauten'. Zeitlos und zugleich aktuell hat Max Ernst mit diesen Sphärenbildern gezeigt, wie der Künstler den Leistungen der Technik die Abenteuer des Geistig-Visuellen ebenbürtig entgegensetzen kann: Die Eroberung des Alls wird erst dann sinnvoll, wenn – wie es Rilke ausdrückt – der Mensch in seiner geistigen und seelischen Substanz auch «ist, was er einsam erfliegt». Dafür braucht es die Künstler.

1985

Wassily Kandinsky, Franz Marc und der 'Blaue Reiter'
Eine Zeit, so hinreissend selbstbewusst wie nie

«Nur wer um 1910 mit den Künstlern der Avantgarde zusammen war, hat die schönste Zeit unseres Jahrhunderts erlebt, nur er weiss, was Aufbruch der Kunst ist und hinreissendes Selbstvertrauen in sich.», so sagte es mir vor zwanzig Jahren Nell Walden, einst Frau des Galeristen und Publizisten Herwarth Walden, der in seiner 'Sturm'-Galerie als erster schon 1910 die Mitglieder des Blauen Reiters gezeigt hatte.

Der längst verstorbenen Nell Begeisterung war mir gegenwärtig beim Durchschreiten der Ausstellung im Kunstmuseum Bern: 'Der Blaue Reiter' ist mit Fanfaren anzumelden. Denn da wird anhand einzigartiger Kunstwerke und Dokumente der Aufbruch zur 'Moderne' wahrhaft zum Leben erweckt.

Zwei Künstler sind die Erfinder des Blauen Reiters, und ihre Werke von Beginn ihres Schaffens bis 1912 bilden denn auch den Kern der Ausstellung: Wassily Kandinsky und Franz Marc. Gezeigt wird, wie sie zu dem kamen, was heute Inkunabeln der Moderne sind. Kandinsky wurzelt in der russischen, dunkel-leuchtenden Volkskunst und gelangt schrittweise zur immer kühneren Abstraktion. Bei Franz Marc ist die Liebe zum Tier und seiner Reinheit Impuls. Von kleinen kubischen Tierplastiken gelangt er zu Pferden in Spektralfarben, die damals verblüffen mussten, heute jedoch naturpathetisch wirken.

Diese beiden ungleichen Künstler bilden nun das revolutionäre Gespann. Ungleich schon vom Herkommen: Kandinsky Russe, promovierter Jurist, nur zwei Jahre jünger als Toulouse-Lautrec, weitgereist, trifft in München auf den jungen, naturträumenden, unerfahrenen Marc. Dazu kam Gabriele Münter, mit Kandinsky in spannungsreicher Freundschaft verbunden. Marc bringt August Macke, Campendonk, den Schweizer Niestlé, bald auch Klee und Moilliet in den wachsenden Freundeskreis, Kandinsky den Komponisten Arnold Schönberg, Delaunay und Hans Arp.

Man muss sich diese Elite sondergleichen vorstellen, die da zusammenkam und in den Jahren 1911 und 1912 je eine Ausstellung veranstaltete. Sie haben sich geliebt und gerauft. Bei Spannungen sei Franz Marc der Vermittler gewesen, so hat es Nell Walden erlebt: «Marc war mir der Liebste, weil er zwar leidenschaftlich für die neue Kunst kämpfte, aber zugleich scheu und innen voller Friede war. Darum», so pflegte sie jeweils beizufügen, «war der Tod im Krieg (1916) so absurd.»

Um ihren umfassenden Anspruch an die Kunst publik zu machen, schufen Kandinsky und Marc 1911 den Almanach 'Der Blaue Reiter', ein illustriertes Künstlerbuch. Den Titel erklärte Kandinsky: «Beide liebten wir Blau, Marc – Pferde, ich – Reiter. So kam der Name von selbst.»

Im Almanach findet nun all dasjenige Aufnahme, was nach Kandinsky und Marc die Wahrheit der Kunst dokumentiert, ihre 'Reinheit' und 'innere Notwendigkeit'. Diese beruhe nicht auf äusserer Form, sagten sie, sondern auf dem 'Erleben des Geistigen'.

Da gibt es Abbildungen von Werken des Zöllners Rousseau, des bewunderten Vertreters des 'Grossen Realen' – und als ebenso wichtiger Gegenpol die Vertreter der 'reinen Abstraktion', die Kubisten. Monets 'Heuhaufen'

Wassily Kandinsky (1866–1944), Studie zum Almanach 'Der Blaue Reiter'
Blau wie der Himmel, kühn wie ein Jockey: Der Blaue Reiter steht als Signal des künstlerischen Aufbruchs zu Beginn unseres Jahrhunderts.

(der Kandinsky einst in Moskau wie ein Schock traf und ihm «die Augen fürs Abstrakte» öffnete) ist von gleicher Wichtigkeit wie eine Kinderzeichnung. Von El Greco gibt es direkte Bezüge zu Delaunays Eiffelturm – und wahrhaftig, sie stehen sich im Almanach gegenüber, in der Ausstellung sogar mit den Originalen.

Der Almanach barg epochalen Zündstoff. Durch das Postulieren von Gleichrangigkeit verschiedenster Gestaltungen unterwanderte er den traditionellen Kunsthandel. Durch den internationalen Einbezug durchbrach er die damals sich verhärtenden Grenzen zu Frankreich oder Russland. Und durch die Betonung des 'Geistigen in der Kunst' als einzigen Werts sagte er dem Materialismus den Kampf an.

Zum Sehen noch nicht reif

Der Almanach war als Fortsetzungsreihe geplant. Aber Marc und Kandinsky, enttäuscht von der Kunstentwicklung, wollten warten, weil «die Zeit für das Hören und Sehen noch nicht reif» sei.

Und heute? Nell Walden, astrologiekundig, wollte leben bis ins Jahr 2000, weil dann die Sterne der Kunst wieder so günstig stünden wie in ihrer Jugend. Gewiss, wir handeln jetzt mit allen Stilen, bereisen Länder. Aber was ist unsere leichtfertige postmoderne Verfügbarkeit gegenüber der bewundernden Kenntnis, Entdeckerfreude und künstlerischen Ebenbürtigkeit von damals?

Bis jetzt hat Nell noch nicht recht bekommen, ein Aufbruch wie damals scheint nicht in Sicht. Aber vielleicht wird uns Apollo doch nochmals zwei 'Blaue Reiter' senden – und nicht die vier apokalyptischen.

1986

Joseph Beuys
Botschaften von Umschlagplätzen

Es muss Orte geben – oder sind es Augenblicke? – in denen Materie in Geist umschlägt oder ein Gedanke sich zur Form verfestigt. An solchen 'Umschlagplätzen' sind die Aquarelle von Joseph Beuys angesiedelt, die gegenwärtig im Kunstmuseum Basel zu sehen sind: 230 Blätter aus der riesigen Beuys-Sammlung der Brüder van der Grinten, entstanden zwischen 1936 und 1976.

Wer sich immer noch schwertut mit den Werken des vor Jahresfrist Verstorbenen, der wandere nach Basel. Die Aquarelle bilden den behutsamsten und schönsten Einstieg ins Beuyssche Empfinden.

Die Motive sind aus der Natur geschöpft: Hase und Wolf, Biene, Kind und Frau, Vulkan, Strom oder Landschaft. Alles gemalt in aquarellistischer Transparenz als erscheinungshafte Silhouetten, oft in erdigen Tönungen, die Konturen entstehen aus der zum Rand fliessenden Farbe. Mit haarzarten Bleistiftstrichen wird Numinoses skizziert, Schädel, Totenkopf, Kelchform. Gefühl kann sonst den kritischen Geist trüben, hier schärft es die formale Logik und Ökonomie. Die ebenso präzisen wie interpretationsoffenen Notationen sind auf angerissene oder zufällige Papiere gemalt. Als sei ein Hauch Vergänglichkeit darübergeglitten.

Virtuose Könnerschaft? Ja – aber zugleich sind diese Blätter durchsichtig auf Geheimnisvolles oder Jenseitiges hin. Die Grenzen zwischen Stoff und Immateriellem, zwischen Leben und Tod scheinen durchlässig geworden – fliessend wie 'Wasserfarben', und das ist der Titel der Ausstellung.

In manchen Figuren – blutender Hirsch, die einsamen Elche, der Tod und das Mädchen – klingt Schmerzliches auf. Und Beuys, der als junger Mensch Sturzflieger war, verwundet wurde, gepflegt in der russischen Steppe von Menschen, deren Sprache er nicht verstand, später von langer Depression heimgesucht: Er wusste viel vom Dunkel, aber auch, in seinen Worten, dass «das Leiden selbst zur Verwandlung gehört.»

Es gab vor zwei Jahrtausenden einen Philosophen, den man wegen seines Ernstes den 'dunklen' oder den 'weinenden' nannte, Heraklit. Seine Aussage ist berühmt: «Alles fliesst, aber in diesem Fliessen waltet der Logos als Gesetz, das nur wenige erkennen.» Der Satz ist wie ein Motto zu Beuys' Werken.

Joseph Beuys (1921–1986), Mädchen mit Ball, 1953–57
Wo endet das Bekannte? Wo beginnt das Geheimnis? Joseph Beuys macht die Grenzen durchlässig.

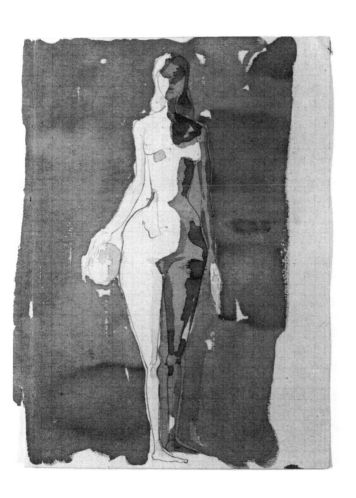

Porträts

Der Sammler Giuseppe Panza
Das Museum: ein Ort der Freude

Zuerst als Geheimtip, dann in weiteren kunstinteressierten Kreisen ging die Kunde um, ein italienischer Sammler habe einen Teil seiner Sammlung dem Basler Kunstmuseum als Leihgabe angeboten. Es handle sich um grossformatige Objekte der Minimal Art, gegenwärtig im Palazzo des Besitzers, Dottore Conte Giuseppe Panza di Biumo, in Varese zu sehen. Kunstfreude und Journalistenneugier führten mich nach Varese, später zu einem Gespräch mit Conte Panza in Basel. Davon sei hier berichtet.

Palazzo Litta

Mit strenger Fassade schien der Palazzo auf einem abgelegenen Platz Vareses im gleissenden Sommerlicht den Besucher eher abzuweisen. Auf zaghaftes Läuten öffnete ein freundlicher Gärtner – der Conte war im Ausland – und führte uns während eines ausgiebigen Nachmittags von Raum zu Raum, von Überraschung zu Überraschung.

Ein grosser Teil der Werke ist ausgestellt in den Stallungen des Palazzo. Die wichtigen Leute der amerikanischen Minimal Art sind zu finden, und zwar nicht nur mit einer, sondern gleich mit mehreren Werkgruppen. Die Ausmasse der Werke sind – in umgekehrtem Verhältnis zum Namen 'Minimal' – riesengross, raumfüllend.

Was nun heisst hier 'ausgestellt'? Die gewaltigen Räume des einstigen Wirtschaftstraktes, wo früher Pferde und Kutschen untergebracht waren, sind makellos weiss getüncht und nehmen jeweils nur ein oder zwei Objekte oder Environments auf. Diese aber sind so haarscharf richtig placiert, dass auch der kritischste optische Einpendler sie nicht um einen Zentimeter verschieben möchte. Sie stimmen in sich selbst, mit dem Raum und den bald künstlichen, bald natürlichen Lichtquellen in völliger Harmonie und Selbstverständlichkeit überein.

Nur einige Beispiele: 10 Kupferplatten von Carl Andre liegen in einem quadratischen Raum unter schwerer Holzdecke, der sie standhalten – sonst nichts. Wo früher 10 Pferde Platz hatten, stehen 10 U-förmige Gitter von Morris. Still schwebt in dunklem Raum eine grosse, vor Licht gestellte Scheibe von Irving. Man zwängt sich durch hohe, schmale Korridore von Naumann (später wird der Conte dazu sagen: «Diese Korridore sind beengend, traurig, aber man kann wählen – und damit hoffen»). Man erlebt Lichttäuschungen, sieht sich in Televisionsapparaten in Rückenansicht und bekommt das irre Gefühl, von sich selbst wegzugehen.

Die Stallungen sind durchschritten: ein Museumspensum. Doch nicht genug. Man wendet sich dem Palazzo zu, der sich auf einen reizvollen Hof und einen weiten Park mit herrlichen Bäumen öffnet. Im imposanten Treppenhaus sind schwere Renaissancerahmen, darin in sachlicher Schrift Sätze von Lawrence Weiner: «earth to earth, ashes to ashes, dust to dust». Entleerte Ahnengalerie, Staub zu Staub, geblieben sind die Rahmen. In einem Kabinettchen antwortet ein kleiner Eimer mit Schiefertafel von Joseph Beuys nicht ohne Ironie einer verspielt bemalten alten Decke. Dibbets kleine Veränderungsbilder, Hanne Darbovens Zeichen, Fotos von Hamish Fulton sind so angeordnet, dass sie abschreitend 'gelesen' werden können, müssen. Am eindrücklichsten jedoch sind die Wandzeichnungen von Sol Lewitt. Ganze Wände mit Linienrastern überdeckt, werden zu bewegten, transparent-transzendenten Meditationsflächen. Zwei Japaner, klein und geschickt, führen in konzentrierter Sorgsamkeit weitere Entwürfe Sols aus.

Räume und Korridore sind kaum mehr zu zählen, bis man wieder zum Ausgangsportal gelangt. Nicht ohne Benommenheit finde ich mich auf einer Bank im benachbarten öffentlichen Park wieder und notiere zwischen spielenden Kindern erste Eindrücke:

Überwältigend ist das Ausmass an Kunst und Räumlichkeiten. Und fast erschreckend wird mir bewusst, dass in dieser so weitläufigen Ausstellung lauter Werke stehen, die sonst in unseren Museen eher in Randzonen ihr skeptisch beachtetes Dasein fristen. Kenner erklären zwar den oft verständnislosen Laien den 'elementaren Gehalt' eines Würfels oder einer Reihe Bodenplatten. Aber so recht froh werden die Besucher der Dinge nicht und wenden sich bald farbheitereren Objekten zu.

Warum nun hier der Schock? Das Gefühl eines starken Geschehens und einer intensiven Ausstrahlung – und zwar ohne irgendwelche erklärenden Worte? Das muss zweierlei Gründe haben.

Einmal die Präsentation. Die Objekte erhalten Räume, in deren Grösse sie aufgehen und in deren Hohlform sie mitschwingen. Sie liegen richtig in den Proportionsmassen des Grund- und Aufrisses. Sie werden sowohl integriert als auch Gegensätzlichem ausgesetzt. Hier war offensichtlich ein zweiter Künstler (auch wenn er nicht beansprucht, dies zu sein) am Werk, nämlich der Präsentator, der geistig-visuelle Conte. Er gibt den Grundformationen die richtige Umwelt, und die Objekte beginnen diese Umwelt zu beleben, bis gegenseitige Ausstrahlungszonen entstehen.

Zum andern: die Existentialisierung des Einzelstückes.

Diese zweite Sicht mag Conte Panza noch wichtiger sein. In dem rauhen Klima etwa der Stallungen erhalten die Dinge eine unheimlich starke Eigenexistenz. Im Palazzo wiederum kommen sie neben Pracht und Reichtum zu einer asketischen Grundaussage, wie Prophetenworte in einer illuminierten alten Prachtbibel.

Der Conte

Wer ist dieser Sammler, der in Varese auch in absentia gegenwärtig war, schien doch seine Insistenz von Wahl und Präsentation der asketischen Essenz der Künstler geheimnisvoll zu entsprechen?

Sitzt man Dottore Giuseppe Panza gegenüber, wirkt der Jurist und Geschäftsmann wie ein Schriftsteller philosophischer Richtung. Ruhig, konzentriert, die Worte behutsam setzend, haben er und seine Frau eine wunderbare Gelöstheit, 'Desinvolture'. Er selbst würde wohl lieber schweigen, bleibt aber freundlich mitteilsam aus der Verpflichtung seiner sich gestellten Aufgabe.

Diese Aufgabe gilt jenen künstlerischen Ausdrucksformen, die «ganz nahe an der eigenen Zeit bleiben». Zu Beginn der Sammlung war es Pop Art, wovon er eine grossartige Kollektion besitzt und die er sammelte, längst bevor sie Mode geworden ist. Pop Art interessierte ihn damals: «Sie war die Reaktion auf den amerikanischen Expressionismus, eine dramatische, individuelle Interpretation». Er schätzt auch andere künstlerische Strömungen, so den Surrealismus als den Weg zu den dunklen Wurzeln. Aber «Das war vor uns», stellt er in ruhiger Gegenwartsverbundenheit fest.

In den letzten Jahren wandte er sich der Minimal Art zu, die ihm weit eher mit dem Kollektiv-Menschlichen verbunden scheint als Pop Art. «Minimal Art ist eine

Rückkehr zur Suche nach den existentiellen Zielen des Menschsein. Die Minimal-Künstler überschreiten mit ihren universellen Konzepten die Grenzen des rein Individuellen, konfrontieren den Menschen mit den Faktoren seiner Existenz wie Bewusstsein, Zeit, Beziehungen zwischen Wirklichem und Gedanklichem.»

Das ist nicht rasch hingesagt. Conte Panza ist kein Sammler aus Prestige, er will nicht Kunstchronist seiner Zeit sein. Er will mit seinem «Geist verfügbar sein, um die Ideen der Künstler aufzunehmen», diese Ideen auch zu «prüfen». Viele Stunden der Woche verbringt er in seiner Sammlung, ein unermüdlicher Philosoph des Schauens: ein Kunstwerk prüfen, ist für ihn «schauen, was ein Künstler aus der kollektiven Lebenssubstanz zieht», und er fügt bei: «Dadurch kommt man zu sich selbst».

Solche Austauschvorgänge zwischen dem eigenen Sein und dem Kunstwerk sind aber – so Conte Panza – nur möglich, wenn ein Werk ideal präsentiert ist. Und über Präsentation hat er seine eigenen Ideen. Klee, so sagt er, brachte auf 20 Quadratzentimetern ein Meisterwerk zustande, das sich im kleinsten Raum verwirklichen kann. Nicht so die grossdimensionierten Objekte der Minimal Art. Sie verlangen einen ungemein grösseren Raum, Panza nennt ihn den 'absoluten Raum'. Er ist überzeugt – im Gegensatz zur landläufigen Meinung –, dass diese einfachen Strukturen eine besondere Aktivierung der Kräfte des Geistes, der Sensibilität und der Konzentration des Zuschauers brauchen, um verstanden zu werden. Tatsächlich bieten sie ja auch keine malerischen oder anekdotischen Einstieghilfen. Und deshalb müssen – laut Panza – alle Elemente ausgeschaltet werden, die die Aufmerksamkeit des Betrachters erschweren könnten. «Und da vermögen schon falsche Details zu stören, eine Wandfarbe, die nicht passt, ein Mauerriss, ein Schatten.»

Ob da nicht der Eigenwert der Objekte durch Umgebungsästhetik aufgepumpt werde? Nein, denn der Raum müsse ja lediglich «neutral und rein sein, um dem Kunstwerk alle Möglichkeiten zu geben». Dabei schliesst der Conte keineswegs aus, dass das Kunstwerk und der Raum eine Art künstlerischer Symbiose eingehen können, denn er sagt: «In einer schönen Landschaft haben Sie bestimmte Eindrücke. Auch Kunstwerke sollen im Raum wie in einer Landschaft als Ambiance erlebt werden.» Dies sei übrigens so neu nicht. Alte Künstler malten stets mit der Idee des Raumes, erst in der Romantik sei die Produktion frei geworden. «Von der Minimal Art zur früheren Kunst besteht gar kein absoluter Unterschied. Hier wird nach der Romantik der Raum wieder als Ganzheit erfahren.» Heute aber hätten die Künstler selbst kaum mehr Möglichkeiten, ein Werk für einen Raum zu schaffen, oder nur für die kurze Dauer einer Ausstellung. Deshalb sei es die geradezu missionarische Aufgabe des Sammlers, ein Werk vollkommen richtig zu präsentieren.

Wenn Giuseppe Panza von der Ausstrahlung eines im richtigen Umraum präsentierten Werkes spricht, bricht eine franziskanische Unmittelbarkeit und Heiterkeit durch. «Diese grossen, einfachen Werke», sagt er, «sind Anlass zur Hoffnung, zum Glück. Ich fühle mich glücklich in Varese. Das muss man andern mitteilen. Das ist mein Grund, Museen zu machen.»

Museen? Ja, für Panza sind sie nicht nur ein Ort, wo man schauen, sondern auch leben kann, «leben mit Freude».

1976

Frank Buchser
The song of Mary Blane

Ein schöner Neger spielt Mandoline und singt. Ein Junge mit aufgekrempelten Hosen bläst die Flöte. Versunken hören die anderen zu. Nur das nackte Büblein denkt ans Essen. An der Hausecke warten die Pferde.

So malt einer, der dabei gewesen ist.

Gemeint ist Frank Buchser. Dem 1828 im dörflichen Feldbrunnen bei Solothurn geborenen Sohn eines Bauern und Wirts wurde der Malerberuf nicht an der Wiege gesungen. Aber die Abenteuerlust gehörte bald zum hochgewachsenen Jüngling mit den feurigen Augen. Er machte eine Lehre als Orgelbauer. Jedoch Raufhändel – darunter sogar mit dem Lehrmeister wegen eines Flirts mit dessen Töchterlein – liessen dem jungen Frank den Schweizer Boden heiss werden. Der 'Buchserstark', wie man ihn nannte, zog nach Rom, Paris, Antwerpen. Schon vorher ein guter Zeichner, bildete er sich zum Maler aus, bewunderte den Realismus Courbets.

Das neue Künstlertemperament war in der Schweiz nicht zu übersehen. Die Landesregierung gelangte mit dem heute höchst seltsam anmutenden Wunsch an Buchser, das damals errichtete Bundeshaus mit glorifizierenden Szenen und Persönlichkeiten – nicht etwa des Rütlis, sondern der amerikanischen Demokratie auszumalen.

Deshalb fuhr Buchser 1866 nach Amerika. Bald aber langweilte er sich bei den Staatsmännern in Washington. Die geplanten Porträts kamen nicht voran. Buchser unternahm eine Reise in den Süden, der in späteren Jahren weitere folgen sollten, hie und da in Begleitung einer jungen Schwarzen. Der potentielle Staatsmaler wurde wieder zum Abenteurer auf wilden Exkursionen zu Indianern und Negern. Das Bundeshaus erhielt keinen Bildschmuck aus Amerikas Historie, vielleicht glücklicherweise. Buchser brachte ganz andere, grandiose Malerei heim.

Das Reisen in der weiten Landschaft unter glühender Sonne veränderte seine Malweise. Sie wurde grosszügiger, lichtdurchflutet. Als 'Meisterwerk' jener Zeit empfand Buchser selbst 'The song of Mary Blane'.

Grossgesehen ist schon die Komposition, eingebaut in ein geheimes Dreiecksystem. Nur der Kopf des Sängers links ragt hinaus, auch inhaltlich akzentsetzend. Die Rhythmen des Songs kommen zum Ausdruck in den beiden Gruppen, in der 'Pause' des Zwischenraums, nur von den gespreizten Beinen des Buben überspannt, während der kleine Nascher wie ein Flötentriller beigefügt ist.

Meisterschaft und Eigenart Buchsers zeigen sich in der Behandlung des strahlenden Lichts: kein impressionistisch flimmernder Raum, in dem sich die Gegenstände auflösen, sondern scharf begrenzte Lichtflecken, die die Figuren modellieren, die Bildkonstruktion verfestigen.

Und nun muss man sich noch vorstellen: In einer Zeit der harten Rassenunterschiede malt der Schweizer die Neger, bildfüllend in grosser Allüre. Viele Weisse waren schockiert. Anmut und Würde der Figuren, damals Randexistenzen, sprechen von jener Humanität, die Künstler zu allen Zeiten über soziale Konventionen hin hochhielten.

1983

Jakob Schärer
Lebendig Aufbewahrtes

Als ich Jakob Schärer um sein Einverständnis bat, ihn im 'du' vorzustellen, zögerte er. Denn von Publizität hält der Sechsundsiebzigjährige so wenig wie von Zeitungen. Aber dann willigte er ein. «Wenn er mir einen Gefallen tun könne.» Wer ist er, dieser Jakob Schärer, der den meisten noch so engagierten Kunstfreunden unbekannt sein dürfte und dessen Schaffen ich mit stets wachsender Faszination verfolge? Schlank und gross ist er, und beim Diskutieren beginnen die hellen Augen unter buschigen weissen Brauen rasch zu blitzen; die hohe Stirn nicht ohne Trotz, aber um den Mund Scheues und Verletzliches. Seine Biographie? «Da ist nicht viel zu sagen», meint er. Am 5. April 1908 ist er in Basel geboren. Mit Walter Kurt Wiemken drückte er die Schulbank, beide widerwillig. Die prophetische Kunst des Altersgenossen schätzte er stets. Ja, er selbst habe damals auch gemalt, «das ist ja klar». Aber «zum Einsteigen bei den Dreiunddreissigern, dazu war ich viel zu scheu. Und ich bin ja auch ein Spätzünder.»

Er brauchte einen Brotberuf, wurde Flachmaler. Die Freizeit verbrachte er vor der Staffelei: Landschaften und Figurenbilder entstanden, kraftvoll im Duktus. Ein Gemälde 'Der verlorene Sohn' wurde sogar von Georg Schmidt fürs Museum Basel angekauft. «Aber», sagt Jakob Schärer, «er war wirklich verloren, der Sohn. Er kam gleich in den Keller, ins Depot. Dabei ist es das schönste Gleichnis der Bibel, der Mensch, der aus dem Ganzen wegläuft – und in einem grossen Bogen wieder heimkommt.» Also schon damals und bis heute: Eigentlich malt und zeichnet Schärer immer sein Leben.

Die Freizeit war auch fürs Lesen da. Er, der nicht gern zur Schule gegangen war, las jetzt die Klassiker, dann mit Begeisterung die Russen, Tolstoi immer wieder, und Philosophisches. Der Anthroposophie verdanke er viel. «Sie ist ein Durchgang, man muss nur nicht daran haftenbleiben.» Das kommt immer wieder: «Nicht daran haften. Jeden Tag ein anderer sein. Ein besserer.»

Es gab Konflikte. Er sei kein bequemer Arbeiter gewesen für den Meister, lacht er, aber der hätte doch immer wieder Verständnis gehabt. Konflikte dann als Dienstverweigerer, zu einer Zeit, da man damit völlig einsam war. Oder als Freidenker, bevor «der grosse Bogen des Heimkommens» begann. «Halt ein Aussteiger», sagt er, nur habe man damals das Wort nicht gekannt. Schliesslich erreichte er eine Halbtagsanstellung. Damit mehr Zeit zum Malen blieb.

Und jetzt – «gelobt sei die AHV» – sitzt er den ganzen Tag dran. Wenn er nicht «in der Natur herumlaufen muss», denn etwas Rastloses steckt noch immer in ihm. Und wenn er nicht gerade den kleinen Garten pflegt, von dem er der Besucherin sagt, hier sei «das Beste von ihm»: Ein Fleck Erde zwischen Mauern ist zu einem geradezu ostasiatischen Ort der Stille gestaltet, mit Kieseln im Grünen als sachten Rhythmen, Buddha sinniert im abgezirkelten Winkel, Säule und Wandbehang sind harmonisch eingefügt. Ein hängender Kerbel vom Vorjahr dreht leise im Wind. Und Kerbelblüten, von Elsass-Wanderungen heimgebracht, schweben auch in den Räumen des kleinen Hauses: «Das brauche ich, schauen Sie doch wie wundervoll, da ist der ganze Kosmos drin angelegt.»

In den letzten Jahren wandte sich Jakob Schärer immer

Jakob Schärer (*1908), Ohne Titel, 1983
Immer ist er unterwegs, der Zeichner Jakob Schärer: einmal zum Mond, dann zur Attacke auf die Bildfläche.

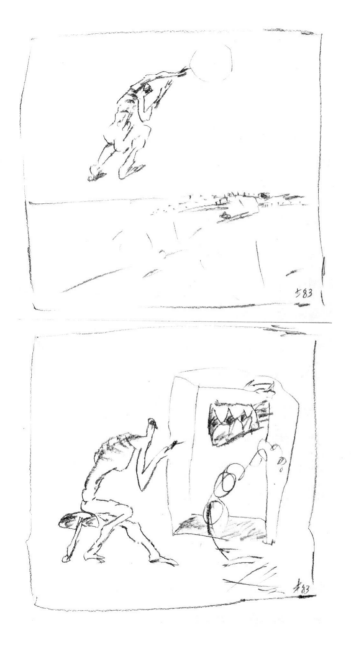

mehr dem Zeichnen zu. Er arbeitet meist mit dem Bleistift, seltener mit der Tuschfeder. Er sitzt im Atelier am Tisch, oft bis tief in die Nacht, die Blätter hat er vorbereitet, stets in Quadratform. Darauf entstehen nun in ganz eigenartiger Mischung von Bewusstheit und Sich-Treibenlassen die Gestalten und Figurationen. «Wie ein Fischer am Wasser», charakterisiert er sein Tun. «Manchmal sitzt man vergebens mit der Angelrute am Fluss, und oft weiss ich nicht, welchen Fisch ich herausziehe.» An was der alte Zeichner am Tisch sicher nicht denkt, das ist an ein Publikum. Er sucht vielmehr tastend die eigene Spur im Unbeschriebenen.

Die Bildzeichen stellen sich ein, drängend, ordnen sich nach Themen, Motiven, geraten zu ganzen Schüben, Blatt um Blatt. Einmal war es «der Wanderer – bis zur Bewusstlosigkeit», sagt Schärer, am Ende nur als senkrechter Kritzel. Immer wieder taucht die Figur des Malers auf: wie er die Leinwand attackiert, sie durchstösst, umwirbt. Oder wie er aufschnellt, nach oben.

Dabei fällt mir ein, wie Schärer einmal sagte, man müsse «immer wieder zum Mond auffahren, und ganz leer zurückkommen. An den Händen nichts vom alten Zeug.»

Dann gibt es die Horizontbilder (Schärer allerdings hat keine Titel). Hoch oben türmen sich Berge, Architekturen. Verknäuelte 'Wesen' (ein Schärer-Ausdruck) brechen herein in Turbulenz und Sinnlichkeit. Der Strich wird zuckend-aggressiv, dann wieder fahrig, schlägt eigensinnig in Spiralen zurück. Plötzlich aber kann die Hand ruhig fliessende Linienbewegungen ziehen, die Seele scheint heiter zu werden. Figuren entstehen, die ihre Metamorphosen von Pflanze zu Mensch oder Musikinstrument wie selbstverständlich miterleben. Vielerorts erscheint das Motiv der Leiter, seit je ein 'Leit-Motiv' für Jakob Schärer, dessen Vorname wiederum kein Zufall ist, träumend wie der Urvater von der Jakobsleiter. Man müsse wissen, sagt er, dass es eine Leiter gäbe bis ins Unendliche. «Und hoffentlich steht man nicht zu lange auf derselben Sprosse.»

So werden die Zeichnungen zu bekenntnishaften Lebenstagebüchern. Überlässt sich der Beschauer dem Linienduktus, kann er die Psyche des 'Schreibers' geradezu ablesen. Sagt da einer 'Kinderzeichnung'? Schärer würde es als Kompliment empfinden.

1984

Franz Eggenschwiler
Mystischer Zauberer mit Schlitz im Ohr

Ein Unbekannter ist er natürlich nicht, aber zum ersten Mal wird der 'ganze Eggenschwiler' präsentiert, in einer Retrospektive, verteilt auf zwei Museen, in Olten und Solothurn.
Franz Eggenschwiler, der im Emmental lebt, ist ein Sammler und Vertauscher, der keinen Gegenstand unbenutzt lässt. Seine Devise: «Man muss um die Ecken herumdenken. Die Erfolgreichen denken gradlinig, eingleisig. Und gerade ihre Erfolge sind es, die uns schlussendlich in die Sackgasse führen.»

Er hat die schweren Hände eines Zimmermanns, die hellen Augen eines Weisen, und über der Stirn stehen die Falten von Eulenspiegel: Franz Eggenschwiler, 1930 in Biberist bei Solothurn geboren, seines Zeichens Glasmaler, Plastiker, Objektmacher, Holzschneider, Maler, Grafiker – wobei er jedes Metier schulgründlich erlernt hat. Seit 1980 ist er auch Professor an der staatlichen Kunstakademie Düsseldorf.

In Einzelaspekten ist Eggenschwiler längst bekannt, seine Werke werden von Liebhabern des Doppelbödigen gesammelt. Jetzt aber ist endlich der 'ganze Eggenschwiler' zu entdecken in einer Retrospektive mit rund 500 Arbeiten.

56 Jahre alt ist Franz Eggenschwiler. Er sei «ein Spätzünder», sagt er: «Ich musste zuerst meine strenge katholische Erziehung überwinden. Ihre sturen Unterscheidungen zwischen Gut und Böse haben mich als Zwanzigjährigen in Zweifel und Schrecken versetzt.»

Trotzdem: Die katholische Jugend ist wichtig geblieben fürs Werk, einerseits als patriarchalisches Feindbild, anderseits als Nahrung aus mystischem Urgrund oder, nach Eggenschwiler, aus «dem Brimborium des Kults.»

Der junge Franz strampelte Zwänge ab – und suchte andere Ordnungen. Zum Beispiel in der Natur. Um zu wissen, «was die Welt im Innersten zusammenhält», sass er tagelang in Museen vor Gesteinssammlungen: «In den Kristallen, in der Trigonometrie, da liegen Geheimnisse ohne literarische Inhalte.»

So wurde Franz Eggenschwiler Konstruktivist. Seine ersten Glasfenster, Bilder, Objekte um 1955/58 sind strenge orthogonale Systeme. Doch schwupp, plötzlich bohrt sich eine Rundung ein. Oder die perspektivistische Zeichnung eines Würfels wird durch Verlängerung der Kanten zum Mühlerad, als geheime Assoziation zu des Künstlers Vorfahren, die Müller waren. Das ist typisch fürs spätere Schaffen: Starke Form und unterschwellig private, teils nur dem Kenner vertraute Inhalte laden sich gegenseitig knisternd auf, trennen sich aber nicht. «Ich bin immer noch Konstruktivist, es merken's nur nicht alle», sagt Eggenschwiler beim Gang durch die Ausstellung und deutet auf die Sockel seiner Objekte, die er alle selbst macht und «meine Kisten» nennt. Schwere Holzblöcke, Gestänge, gefaltete Eisenkonstruktionen, tatsächlich kantig-konkrete Plastiken.

Das Geometrische ist die eine Keimzelle des Œuvre, die andere, polar gelagerte ist das Emotionale, das sich im automatischen Laufenlassen des Stiftes äussert. Um das Bewusstsein auszuschalten, zeichnet Eggenschwiler 'nebenbei', also beim Telefonieren, in Konferenzen, Gesprächen. «Dann fällt der Ehrgeiz weg, den jeder Künstler hat, ein Kunstwerk zu machen», sagt er. Was offenbar auch wegfällt, sind die Fesseln der prüden Erziehung. Denn aus den raschen Notationen wachsen ganze erotische Capricci, Männerträume von prallen Rundungen aller Art, Körpertopographien, aggressive Verknäuelungen, die sich wieder auflösen in blütenhaft ausschwingenden Linien. Und dieses ganze muntere

Durchmischeln von angelerntem 'Gutem' mit 'Bösem' passiert auf handgrossen Blättchen, wobei eine verblüffende Harmonie von Form und Binnenform immer gewahrt bleibt. Auch ohne Willenskontrolle ist eben ein Künstler ... ein Künstler.

Die Ekstasen gehen im Emmental langsam

Gut, das war Franz der Konstruktivist und Franz der Zeichner. Aber es gibt auch Franz den Sammler, aus dem dann erst der Objektmacher wird. Schon als Bub trug er von der Emme Säcke voller Steine heim, heute beruft er sich auf die Japaner, die sagen, aller Kunstverstand beginne mit dem Steinesuchen. Im emmentalischen Eriswil, wo er seit 1973 wohnt, da stapeln sich die Fundgegenstände, die er zusammenträgt: von Steinen aller Formationen und Grössen, von Wurzelstöcken und Metall bis zu Brockenhausramsch.

Dazu gehört nun auch Franz der Geschichtenerzähler. Er ist inwendig nicht nur 'voller Figur', sondern auch voller wortgewaltiger Geschichten. Er weiss von Hexen und Wahrsagern, er kennt den Einfluss des Mondes und die Schicksalsbestimmung der Sterne. Sein Horoskop, Schütze mit Feuerzeichen, oder die ihm von einer Astrologin prophezeite Figur eines Trigons ohne Mittellinie, das sind ihm Quellen der Spekulation über sich und das Leben. Er zitiert auswendig die Bibel, Jesus Sirach und Elias, und listig-vertraut scheint er mit dem Jüngsten Tag umzugehen. Er bedauert, kein Ekstatiker zu sein. Dieter Roth, der Freund, hat ihn getröstet: «Natürlich hast du Ekstasen, aber du im Emmental, die gehen bei dir so langsam, dass du sie gar nicht merkst.»

Ja, so mag es sein. Denn nur in einer Art von Aus-sich-Heraustreten (das wäre Ekstase) vermag Franz Eggenschwiler zu erspüren, was man die Strahlung seiner

Fundstücke nennen kann. Er geht mit ihnen um wie mit Lebewesen. Nicht von ungefähr heisst ein Holzschnitt 'Wolken meine Kinderlein'. Und wenn er mit seinem wilden Bart, seiner Joppe zwischen seinen Werken durchgeht, so beginnt er immer mehr, ihnen zu gleichen.

Jedenfalls scheint er die Sprache der Steine und Wolken, der Wurzeln und Nägel und Schlangen zu verstehen. Deshalb setzt er diese Dinge in seinen Objekten in ihre alten Symbolbezogenheiten ein.

Das könnte nach rein inhaltlicher Versponnenheit tönen. Nein, Franz Eggenschwiler denkt in Form, alles wird bei ihm sogleich Bild, Gestalt, starke Komposition. Deshalb überlässt er, der so gern mit dem Zufall spielt, nichts dem Ungefähren. Er verändert mit begütigender Hand die Naturdinge, schleift da ein Holz glatt, kerbt hier einen Stein. Er kombiniert aber auch Gefundenes mit von ihm Geschaffenem (und unterscheidet sich da gründlich von den Objets trouvés der Surrealisten). Ein Beispiel: Für die 'Patriarchetypische Blüte' (da taucht das Feindbild Kirche auf!) stellte Eggenschwiler eine päpstliche Tiaraform in Metall her, umgab sie mit aggressiven Stacheln eines einstigen Heurechens und bekränzte sie mit Männerkrawatten.

Natur- und Kunstform, Vision und gestalterische Ordnung, Philosophie und Trick sind in den Objekten nur mit Mühe zu unterscheiden. Der Beschauer wird ständig herauskatapultiert aus Seh- und Begriffsgewohnheiten. Das ist durchaus im Sinn des Schöpfers der Plastiken.

Denn das ist ja der Franz auch, einer aus dem Geschlechte der Krulls, der halb schlitzohrigen, halb mystischen Zauberer und wundersamen Vertauscher. Oder in Eggenschwilers Sprache: «Man muss um die

Ecken herumdenken. Früher tat ich das um sieben Ecken, das war zuviel. Jetzt sind es noch drei, das ist gerade richtig. Aber die Erfolgreichen, die denken gradlinig, eingleisig. Und gerade ihre Erfolge sind es, die uns schlussendlich in die Sackgasse führen.»

Wohin aber führt uns Franz Eggenschwiler? Die Retrospektive macht es deutlich: Sein heimliches Universum wird im Laufe von drei Schaffensjahrzehnten immer deutlicher ein matriarchales, sinnliches, lustbetontes. Ein friedliches auch, Schwerter funktioniert er um zu Pflugscharen.

Eva ist allgegenwärtig. Eva sagt der Künstler «mit E wie Eggenschwiler und Eriswil». Aber auch dies ist im Werk nur verklausuliert da, jenseits des Verbalen. Es ist Franz Eggenschwilers Geheimnis, seine Weisheit, seinen Humor und seine Naivität einzubinden in die Rätselhaftigkeit dieser Welt. Das macht sein Werk so unerschöpflich.

1987

Frau und Kunst

Meret Oppenheim
Die Idee mit den Brunnen

Meret Oppenheim hat längst Berühmtheit erlangt. Ihre Aufnahme bei den Surrealisten – als die noch nicht Zwanzigjährige von Basel nach Paris ausbrach – ist ebenso in die Kunstgeschichte eingegangen wie ihre mit Pelz überzogene Tasse. Ihr schönes Gesicht, ihren schmalen Körper kennt man durch die Photos von Man Ray. Sie ist die Schweizer Surrealistin, sie wird als Dichterin, Denkerin, Träumerin beschrieben.

All das stimmt. Ruhm jedoch hat den Nachteil des Fixiertwerdens: Von Meret Oppenheim kennt man Objekte voller Phantastik, sensible Bilder und Zeichnungen. Aber nur wenige wissen, dass bei ihr zu Hause in Schubladen und auf unbeachteten Regalen Projekte und Maquetten für grosse Aussenraumgestaltungen liegen, dass sie sehr konkrete Vorschläge zur Kunst im öffentlichen Raum hat. Denn Meret Oppenheim ist neben sozusagen privater Zauberin und Träumerin auch Designer in grossem Stil. Den heutigen Graben zwischen freier und angewandter Kunst findet sie 'idiotisch'. Von Jugend an hätte sie gern eine Lampe oder ein Lavabo entworfen. 1939, drei Jahre nach der Pelztasse, entstand ein bei aller Exzentrik durchaus brauchbarer Tisch, allerdings mit Vogelfüssen.

Vor mehr als zehn Jahren hatte Meret Oppenheim «die Idee mit den Brunnen», so sagt sie. Seither sind mehrere Brunnenobjekte entstanden, auf Papier oder in kleinen und grossen Modellen. Aufträge dafür gab es keine, um so freier und eigenwilliger sind die Gestaltungen. Drei dieser Brunnenprojekte seien hier vorgestellt.

Da gibt es einmal den Brunnen mit dem seltsamen Namen 'Unterm Teich'. Man stelle sich eine etwa zimmerhohe Säule aus milchigem Glas vor, darüber entfaltet sich wie ein leicht nach oben gestülpter Pilzhut eine riesige runde und dicke Glasscheibe mit grüngelben Einschlüssen. Vom äussersten Kreisrand tropft und rinnt aus kleinen Öffnungen ständig Wasser in einen schmalen Rundgraben beziehungsweise in ein Rohr, das um den Kreis herumführt. Die Menschen können nun im leicht schummrigen Raum sitzen, von Wasserfäden und -rinnsalen umgeben, über sich die meernixenfarbene Glasdecke. «Ein Gartenhäuschen aus Wasser», sagt Meret – und noch viel mehr, möchte man beifügen: ein neu-uraltes Einsetzen des Wassers in Erinnerung an tropfende Höhlengänge oder erträumte Meerschlösser, geläutert im geometrischen Geist unserer Zeit.

Während 'Unterm Teich' ebensogut in einem Park wie auf einem Rasenstück zwischen Betonklötzen stehen kann, sieht Meret Oppenheim die 'Verspiegelten Quader' in einem eher altmodischen Quartier – auf keinen Fall in der Umgebung von Wolkenkratzern. Aus einem möglichst grossen Achteck erheben sich Kuben in verspiegeltem Glas, von hoch aufsteigenden Wasserstrahlen überrieselt. Da wird die Idee vom kristallinen Berggestein kunstreich in Menschenumgebung versetzt, nimmt in unerwarteten Spiegelungen und Brechungen das urbane Geschehen auf und bleibt doch kühl ummantelt vom herabfliessenden Wasser, unberührbar, unerreichbar.

'Blüte' ist das poesievollste Projekt. Und die Entwerferin hätte wohl nichts dagegen, dass man dabei an die 'angewandte Kunst' des japanischen Ikebana erinnert wird. Hier ist das Bassin in Blütenblätterform ganz aus grauweissem Beton, Stein oder Kunststein (je nach Geldbeutel des Auftraggebers), der Blütenboden im Zentrum aus rötlichem Glasmosaik. Zart erheben sich daraus die 'Staubgefässe' in goldfarbenem Metall, aus denen dann das Wasser aufsteigt und in die Blütenblätter zurückfällt, sie durch die Wasserbewegung zum Pulsieren bringt. Aber nicht genug – das ist erst die Ausgangslage. Meret denkt an zwei bis drei solcher Blütenbrunnen, die auf einem grossen Teich seerosenhaft schwimmen und sich durch einen unsichtbaren Mechanismus ganz langsam aneinander vorbeibewegen. Das Aussenbassin darf je nach Topographie geometrisch oder frei sein. Ja, Meret Oppenheim sieht es in einer Weise dem Gelände angepasst, dass das Wasser auch einen Hügel herabfliessen könnte in eine neue Schale mit weiteren Blüten.

Die 'Brunnengeschichten' – auch ein Meret-Wort – wirken so überzeugend, weil allen Projekten eine grosse innere Natürlichkeit, ja Notwendigkeit eigen ist. Das hat wohl damit zu tun, dass sie folgerichtig aus dem Œuvre herauswachsen. Die Verbindung von surrealistisch-zwangloser Fabulierlust mit disziplinierter Aussage gehörte schon immer zu den Eigenarten von Meret Oppenheims Schaffen, ebenso wie das Umsetzen von naturhaft-organischen Formen in Kunstgebilde. Sie ist ja eine geniale Verwandlerin des Objet trouvé aus Holz, Stein oder Blättern in artistische Schöpfungen, ohne dabei das künstlerische Resultat vom Strom der lebendigen Natur abzuschnüren. Dieselbe Art von kanalisierender Umleitung von urdunklen Mächten in heitere Menschengebilde geschieht nun in grossen Dimensionen in den Brunnenprojekten. Stets scheinen der Künstlerin die Grundformen wie absichtslos aus der Natur zuzuwachsen – Kristall und Blüte –, werden dann aber in einen starken Gestaltungswillen genommen. Einen entscheidenden Part spielt das Wasser: einerseits formal als Wand oder Linie im Raum, als fast immaterielle lichtbrechende Fortsetzung materieller Formen. Anderseits ist es durchaus werklogisch, wenn Meret Oppenheim das Wasser aus dem Erdinnern mit der Wünschelrute des Künstlers hervorzaubert, stand sie doch von jeher mit den Geistern aus der Erde und den unbewusst wachsenden Mächten auf gutem Fuss.

Es wäre beizufügen, dass Meret Oppenheims 'Brunnengeschichten' nicht als Utopien gemeint sind. Warum nur haben sie noch keinen Auftraggeber gefunden? Meret lacht ihr kleines, ein bisschen herzliches, ein bisschen weh- und hochmütiges Lachen: «Es herrscht eben eine heillose Verwirrung zwischen Dekorativem und Kunst. Die Leute merken nicht, dass es nicht auf diese Begriffe ankommt, sondern auf die Quantität des transportierten Geistes – und er kann in der sogenannten hohen Kunst genausogut wie im dekorativ Angewandten stecken.» Vielleicht werden die Brunnen von Meret Oppenheim doch einmal ein Stück grauer Umgebung beleben: Zeichen aus dem Organischen, belegt mit der Anmut des Geistes.

1980

Künstlerinnen der russischen Avantgarde 1910–1930
Die Frauen, warum?

Immer noch hält sich die Legende von der mangelnden Kreativität der Frau: Die Kölner Ausstellung 'Künstlerinnen der russischen Avantgarde 1910–1930' ist ein einziger grosser Gegenbeweis. Und dies nicht nur durch die Qualität einzelner ausgesuchter Werke, sondern auch durch die Menge, die hinreissende Bewegung einer ganzen Gruppe.

Kurz zur Ausgangslage der russischen Konstruktivisten: Für viele junge russische Künstler wurde um 1912 die Auseinandersetzung mit der in Paris aktuellen Kunst des Fauvismus, vor allem aber des Kubismus, zum Impuls. Sie kannten die Entwicklung von persönlichen Besuchen oder durch die Werke in russischen Sammlungen, etwa bei Sergei Schtschukin in Moskau. Die Voraussetzungen, dass diese Strömungen in Russland so enthusiastisch aufgenommen wurden und geradezu eruptiv zum Ausbruch kamen und in kühnste Höhen getragen wurden, liegen in der politisch-sozialen Aufbruchstimmung des späten 19. Jahrhunderts.

Die Auflehnung gegen Zarismus und Leibeigenschaft wurde für die russischen Intellektuellen und Künstler auch zur Opposition gegen Akademismus und Konvention in der Kunst. Das Bemühen um eine Verbindung von Volk und Kunst führte vorerst zu eher folkloristischen und symbolistischen Äusserungen, wobei etwa im Ballett schon auf ein 'Gesamtkunstwerk' hin gearbeitet wurde in der Verbindung von Form, Farbe, Musik und Bewegung – man denke an die Inszenierungen von Diaghilew und Bakst.

Kandinsky, der damals in München lebte, hat das Thema 1910 in seiner Schrift 'Über das Geistige in der Kunst' ausgeweitet auf den Zusammenklang von Form und Geist und auf die Schönheit, die «in der ganz untastbaren Form die Seele verfeinert und bereichert.»

Die Kölner Ausstellung dokumentiert die Stellung der Frauen innerhalb dieser kurz skizzierten Bewegung.

Form- und Farbfeste

Empfangen wird man fanfarenhaft: kaum eingetreten, steht man dem grossen Porträt eines Mannes gegenüber, dessen Profil sich in einer vom Gesicht als Querband weitergezogenen Ockerfarbe nur in fragmentarischen, aber ungemein sicheren Linien abhebt, unter zwei eckig aufeinanderstossenden Pinselzügen blitzt ein schmales Auge, darüber ein dunkler Hut, das Ganze eingespannt in strahlenartige (rayonnistische) Formen von den Bildecken her.

Das Porträt stellt den Maler Larionow dar, gemalt 1913 von seiner Gefährtin Natalja Gontscharowa (1881– 1962). Sie versuchte, ihren Lebens- und Kunst-Partner als hochsensiblen, geistvollen Charakter darzustellen mit viel Überlegenheit und etwas spöttischem Humor. Und das mit einer Spontaneität, die doch den grandiosen Bildbau keineswegs ausschliesst.

Der Auftakt stimmt nicht nur nach künstlerischem Klima, sondern auch nach der Chronologie. Denn die Gontscharowa und der porträtierte Larionow waren es, die erstmals in Moskau Bilder im Sinne der in einem Manifest geforderten 'wahrhaften Befreiung der Malerei' ausstellten.

Man hat den bewegten Strich, die gesteigerte Expressivität der Gontscharowa mit den deutschen Expressionisten in Beziehung gebracht. Der Vergleich stimmt teilweise und geht doch nicht ganz auf, denn neben den hektischen und gespannten Figuren der Europäer hat die Russin trotz aller Dynamik eine ausgeruhte Grandezza und auch einen mythischen Urgrund.

Nun folgen die etwas jüngeren Kolleginnen mit grösseren oder kleinen Werkgruppen. Und es gehört zum Verwunderlichen dieser Ausstellung, dass wohl eine gemeinsame Grundstimmung der Befreiung von Konventionen allen Künstlerinnen gemeinsam ist, dass aber der Spielraum für Individuelles sehr gross bleibt.

Wie ein Feuerwerk sprühen die Kompositionen von Xenia Ender (1895–1955). Der geniale Umgang mit Farbe gilt für alle Russinnen, die in Köln zu sehen sind, da herrscht eine unerschöpfliche Farbphantasie, wobei jede Komposition wieder ganz in sich geschlossen wirkt.

Eine andere und wiederum eigene Welt schafft Alexandra Exter (1882–1949). Ein grosses Stadtbild übersetzt den Kubismus in einen fast barocken Aufbau, der durch pastellkühle Farben eine märchenhafte Leuchtkraft erhält. Ebenso aufregend sind Exters Bühnenentwürfe, in denen in der Kombination von realen Elementen mit monumentalisierter Ornamentik eigenartige Verfremdungseffekte erreicht werden: Warum, fragt man sich still, setzen heutige Bühnendekorationen nicht hier an?

Von Liubow Popowa (1889–1924) fällt in Köln eine Serie von geometrisierten Bäumen auf, die an Mondrian anklingen und ebenfalls um 1910 entstanden. Es ist kaum anzunehmen, dass die beiden gegenseitig etwas von ihren Zeichenexerzitien wussten. Vielleicht gehören die verwandten Blätter in das noch kaum erforschte Gebiet, dass plötzlich an verschiedenen Punkten der Erde ähnliche Dinge 'in der Luft liegen'.

Manche Werke würden in einem Kunstquiz viele Jahrzehnte später datiert. Dazu gehören Collagen und Zeichnungen auf Zeitungspapier oder andern unprätentiösen Malgründen von Olga Rozanowa (1886–1918).

Lebensmodus

Dass die avantgardistische Kunst Russlands als eine das ganze Dasein einbeziehende Idee gemeint war, als eigentliche 'Lebensorganisation' (Lissitzky), das wird in Büchern mit originellen Typographien deutlich. Und nicht genug: Aus Anlass der Ausstellung liess man die Textil-Entwürfe der Russinnen auf Stoff drucken und daraus die in Zeichnungen noch genau skizzierten Kleider nähen, die nun im Souterrain der Galerie zu sehen sind. Diese futteralartigen Kleider mit dynamischen Akzenten dürften gerade heute zwischen so viel lauem Design auf Interesse stossen. Dazu passt, dass manche der Künstlerinnen von faszinierender Schönheit und Anmut waren.

«Die Frauen, warum?» Die Ausführungen müssten eigentlich die Antwort ahnen lassen: Die Ausstellung belegt, dass es einige Jahrzehnte gab, da kein Unterschied zwischen Mann und Frau in der künstlerischen Produktion bestand. Die Frauen haben am grossen Kunst-Lebens-Entwurf der Epoche völlig gleichrangig mitgewirkt. Man sieht ihre Werke, ohne den oft üblichen 'Goodwill für Frauen' mobilisieren zu müssen. Gewiss, es sind auch bei uns grosse Künstlerinnen an vorderster Front zu nennen, man denke etwa an Sophie Taeuber-Arp, Paula Modersohn-Becker, Meret Oppenheim. Das Einzigartige in Russland aber ist der Auftritt in grosser Zahl, die sozusagen 'quantitative Ebenbürtigkeit'. Mit 'Frauenkunst' haben die Werke nichts zu tun.

Vielleicht aber darf man den Russinnen attestieren, dass sie poetischer und offener in der Bildaussage sind und dass sie wohl das Neue stürmisch zum Ausdruck brachten, aber ohne ihre Freiheit gänzlich an die leidenschaftliche Verkünderideologie von Malewitsch zu binden.

1980

Brennpunkt – Kunst von Frauen

Kunst ist unteilbar. Wenn jetzt in Österreich vom Herbst 1984 bis Frühling 1985 ein 'internationales Künstlerinnentreffen' stattfindet, so soll man sich darunter nicht 'Frauenkunst' (gegen 'Männerkunst') vorstellen. Vielmehr geht es darum, an den bis vor kurzem weitgehend männerbestimmten Kunstorten einmal breiten Raum für die Frauen offenzuhalten. Insgesamt werden etwa 250 Künstlerinnen aus mehreren Ländern teilnehmen.

Das Motto der verschiedenen geplanten Veranstaltungen lautet 'Brennpunkt-Kunst von Frauen'. Das Programm wurde im September mit einer grossen Ausstellung von Künstlerinnen aus Österreich (Organisation Intakt) in der Wiener 'Secession' eingeleitet. Als Fortsetzung ist jetzt die Schweiz an der Reihe.

Die Namen der Ausstellenden: Agnes Barmettler (Solothurn), Christine Brodbeck (Basel), Silvie und Chérif Defraoui (Genf), Olivia Etter (Zürich), Rut Himmelsbach (Basel), Rosina Kuhn (Zürich), Muriel Olesen und Gérald Minkoff (Genf), Anna Winteler (Basel).

Die erstaunte Reaktion mancher Besucher war: «Was – die Schweizerinnen schmuggeln zwei Männer in die Frauenmanifestationen?» Tatsächlich, Silvie Defraoui und Muriel Olesen arbeiten seit Jahren mit ihren Partnern, visualisieren oft Bezüge des 'Paars' in vielen Schichten. Der Einbezug der Männer dürfte charakteristisch sein für die Offenheit der jüngeren Generation von Frauen, die genügend Selbstbewusstsein und Toleranz ohne Dogmatik besitzen, um die 'Spiel- und Bewegungsräume' offenzuhalten.

Es war kein Zufall, dass die Ausstellung mit einer Tanzperformance von Christine Brodbeck eröffnet wurde. Ihre Figuren setzten Zeichen in den Raum, ganze Lebenspartituren entstanden im Wechsel von Kampf, Heiterkeit, gelöster Übereinstimmung mit Körper und Luft – jede Bewegung wunderbar präzis und vergänglich.

Dieser Tanz war eine Art Schlüsselerlebnis zur Ausstellung. Auch in Arbeiten mit ganz anderen Mitteln wurden Erfahrungen aus dem eigenen Leben, von Körper und Geist eingebracht. Eine Art Balanceakt ohne das Sicherheitsnetz eines übernommenen Stiltrends.

Einige Beispiele. Rosina Kuhn liess ein weisses Zelt – sonst Ort des Beharrens – in einer Malaktion während der Ausstellung zum expressiven Werk werden. Anna Winteler nahm ihr Tanzen im Video auf und liess die Bilder durch eine Drehapparatur im Raum kreisen. Die harte Maschinerie des Apparates steht in bewusstem Gegensatz zur weichen Intimität der Körperbewegung.

Silvie und Chérif Defraoui legten Wege in den Raum mit Metallelementen und Leitern, konfrontiert mit kleinen plastischen Tieren, Schlange und Pferd: dialektische Prozesse von Ratio und Intuition, von tiefem philosophischem Bildwissen.

Bewegung des Wachsens und Schreitens bei Agnes Barmettler. Ihre Bilder von Baumfrau und Erde umgeben ein grosses, am Boden ausgelegtes Labyrinth mit Klebstreifen und Samen – meditativer Sammelpunkt der Ausstellung.

Olivia Etter zeigt ihre plastischen Objekte. Einhorn und Fabelwesen, Hirschgeweih und Halbmond sind so witzig und verwunschen, so sexy und verträumt, dass sie zu heilsam verwirrenden Passanten der Ausstellung werden.

«Bewegung ist das Mutterprinzip, aus dem alles wird», schreibt Anna Winteler in einem Text. Liegt im krampflosen Umgang mit der Vergänglichkeit, im Zulassen von Verwandlung, im Offenhalten des schöpferischen Spannungsfeldes zum Nächsten vielleicht etwas von der heute gern zitierten 'weiblichen Ästhetik'?

1984

Agnes Barmettler
Eine, die auszog, das Eigene zu finden

Wer reist, wer weit reist, müsste eigentlich ratlos werden. Denn die Bilder unserer Erde sind unendlich, sie könnten Auge und Geist durch ihre Flutmassen erdrücken.

Aber da tritt eine geheime Sicherung in Kraft. Der Mensch erfasst und verarbeitet fast nur jene äusseren Eindrücke, die irgendwo in seiner eigenen, oft unbewussten Tiefe vorgeprägt sind.

Den Künstlern, die in besonderer Weise mit Bildern leben, ist diese Erfahrung wohlbekannt. Selten aber tritt sie so eindeutig-machtvoll zutage, wie dies der Malerin Agnes Barmettler geschehen ist. Nur im Märchen überschreiten sonst die Begebenheiten mit so viel verblüffender Selbstverständlichkeit Zeit und Ort.

Es war einmal ein kleines Mädchen, Agnes, 1945 in der Innerschweiz geboren. Es liebte es, wenn der grosse Schnee über sein Dorf Engelberg fiel. Dann grub es in die weissen Massen spiralförmige Gänge, so tief, dass man drin Verstecken spielen konnte.

Agnes Barmettler zog weg von den Bergen. Zwei Jahre Medizinstudium, dann Gewerbeschule Basel.

Es entstanden erste Bilder und Zeichnungen. Landschaften und Figuren. In die Erde und den Schoss der Frau waren Zeichen eingefügt, Kreis, Flamme und immer wieder die Spirale der kindlichen Spiele. Die Jahreszeiten mit ihrem jeweils anderen Licht über den Hügeln gehörten zu den Themen der jungen Malerin.

1977 kam die Reise. Es war eine Fahrt in die USA, ohne Erwartungen. Und dann passierte es, vorerst als Anruf. Eine Autopanne bei Flagstaff und während des Wartens

Besuch in einem Museum der Hopi-Indianer. Noch heute erinnert sich Agnes Barmettler: «Das schlug bei mir ein – das muss ich kennenlernen.»

Im Reservat der Hopi-Indianer

Zwei Jahre später fuhr sie direkt zu den Hopi-Indianern. Freunde hatten einen Aufenthalt in einem Reservat erwirkt. Nun sah sie, wie die Hopi, ein Volk ohne schriftliche Überlieferung, ganz in der Welt der Bilder, des Tanzes und des Gesangs sich mitteilen. Wie zu bestimmten Zeiten Symbolfiguren in den Sand gezeichnet werden, wie spiralförmige Verläufe für Erde und Frau stehen, wie die Schlange Regen gewährt. Und siehe, das waren die ähnlichen Zeichen, wie sie Agnes Barmettler seit je gebraucht hatte. Und dann war da auch die grosse Landschaft, die die Hopi in ihr ganzes praktisches und geistiges Dasein einbeziehen. Es waren die das tägliche Leben bestimmenden Jahreszeiten und die Nächte, deren Dunkelheit keine Reklamelichter durchbrechen.

«Wie früher daheim», sagt Agnes Barmettler.

Eigentlich war sie gekommen, um Fragen an die Indianer zu stellen. Aber «als ich dort war, hörte ich auf zu wollen. Das Land nahm die Fragen weg, gab der Seele den Zustand einer Weite, wie sie die Wüste hat. Als ich wieder daheim war, merkte ich, dass viele Fragen überflüssig geworden waren. Der richtige Umgang mit dem Alltäglichen ist das Wichtige.»

Uralte Ordnung

Die Bilder von Agnes Barmettler sind seit ihrer Reise nicht 'anders' geworden. Nur sicherer, frag-loser. Die Umrisse der Figuren sind bestimmter, die Landschaften weiter. Wie das jetzt aussieht, wenn jemand auszieht, das Eigene zu finden, zeigt ein Triptychon von 1980: 'Mutter Erde und Vater Himmel'. Die Frau im rechten Teil wächst aus Spirale und Pflanze heraus. Ihr ist die Erde zugeordnet, aus ihrer Hand fliegt der Vogel, in ihrem Bauch wächst die Sonne, und über ihr steht der Regenbogen. Der Mann im linken Bild hält Blitz und Donner in der Hand, auf der Brust trägt er das Zeichen der Milchstrasse. Und da keine Figur ohne die andere sein soll, verbindet sie als Mittelteil die grosse Landschaft aus Erde und Himmel.

Auch dies gehört für Agnes Barmettler seit ihrer Reise zu den disputlosen Richtigkeiten, das Menschenpaar, ohne Emanzipationsgerangel noch Gleichschaltung. Jedes hat seine uralte zwanglose Ordnung um das Land des schweigenden Verstehens. Der Reisebericht wird zum Existenzbild.

1985

Camille Claudel
Nicht ist die Liebe gelernt

Camille Claudel wurde 1864 geboren, Tochter aus gutbürgerlichem Haus. Ihr jüngerer Bruder wird dereinst der berühmte Schriftsteller Paul Claudel sein. Sie beschliesst das für damals Ungewöhnliche, nämlich Bildhauerin zu werden.

Ihre Begabung ist gross, das zeigt ihr frühestes Werk in der Ausstellung, der meisterliche Kopf einer alten Frau, entstanden vor der Begegnung mit Rodin.

1882 wird Camille Schülerin des 24 Jahre älteren Rodin, der eben im grossen Aufschwung seines Schaffens steht, als die sehr junge, sehr schöne Camille als Werkstatthilfe in sein Atelier kam.

Bald war sie weit mehr. Ein Zeitgenosse berichtet, Rodin fragte sie «in jeder Angelegenheit um Rat... und erst, nachdem er mit ihr einig geworden ist, fasst er seinen endgültigen Entschluss».

In der Ausstellung zeigen viele der sich gegenüberstehenden Werke eine verblüffende Ähnlichkeit. Ohne Anschrift hätte der Besucher Mühe, sie Claudel oder Rodin zuzuschreiben. Dabei geht es nicht um Imitation oder Nachhüpfen der Schülerin, sondern man hat das Gefühl einer tiefen künstlerisch-menschlichen Verwandtschaft, die zu ähnlichen Resultaten führen musste.

Zugleich ist Camille das Modell Rodins. Das sinnende Antlitz von 'La pensée' trägt ihre reinen Züge. 'La Danaide' hat ihren geschmeidigen Körper.

Camille Claudel (1856—1943), Das Gebet, 1889
Die leidenschaftlich versunkene Beterin ist eine Seelendarstellung von Camille Claudel. Die Männerwelt schien keine derartige Absolutheit zu ertragen.

Und wie könnte es anders sein bei Rodins Temperament, von dem die geschwätzige Fama sagt, er habe mit seinen Modellen auch geschlafen: Camille, die Muse, wird zur Geliebten.

Die Darstellung der Liebespaare stehen denn auch barock-expansiv im Zentrum der Ausstellung. Rodins 'Kuss' ist das Erfassen eines momentanen Sinnenrausches in der Umarmung, wobei die Frau die Hingebungsvolle ist. Camille Claudels Paar ('Sakuntala') ist bei aller Erotik zärtlicher, die Frau mütterlich-schenkend. Die Szene geht auf eine indische Legende zurück, und etwas Schicksalhaft-Ewiges liegt der Vereinigung zugrunde gegenüber Rodins rascher Flammengebärde.

Im unterschiedlichen Mann-Frau-Verständnis und Anspruch lagen offenbar Konflikte. Camille wollte ihren Rodin nicht nur als Künstlergefährten, sondern in absoluter, ständiger Verbundenheit. Rodin aber lebte seit Jahrzehnten mit der geistig anspruchsloseren Rose Beuret zusammen, sie hatte einen Sohn von ihm, er hat sie einmal «die Dienerin mit dem einfachen Herzen» genannt. Camille löste sich enttäuscht von Rodin, das war 1892. Er hielt sie nicht zurück.

Auch dazu gibt es geradezu autobiographische Skulpturen. Camille Claudels grosse Bronze von 1895 stellt einen alten Mann dar, den eine ebenfalls ältere Frau drängend mit sich zieht, weg von einer kniend-flehenden Mädchengestalt. Rodin seinerseits modelliert eine schöne Muse, die den verzweifelt sein Gesicht in die Hand stützenden Künstler fast drohend überschattet, auf ihm lastet. Beides sind schicksalhafte Darstellungen von Binden und Lösen, von Leidenschaft, Sehnsucht, Gefahr und Qual, wie sie in jeder tiefen Paarbeziehung entstehen können.

Was geschah nach der unwiderruflichen Trennung?

Rodin schuf das elementare Formereignis des 'Balzac'. Camille Claudel fand in der auf den Jugendstil zusteuernden, damals völlig ungewohnten 'Welle' zu einer lyrisch-bukolischen Formsprache. Man denkt, nun breche sie auf zu neuen Ufern.

So war es nicht. Sie lebte nun allein, in bitterer Armut und schlimmer Unordnung. Aufträge für eine Bildhauerin, eine Frau, gab es nicht. Von ihrer Mutter war sie schon als Künstlergeliebte Rodins verstossen worden, eine Familienschande. Und nun schien die lange Abwesenheit von Rodin noch ihre Schöpferkraft auszutrocknen. Ihre Seele wurde bitter. Sie glaubte sich verfolgt von Rodin, stiess ihre früheren Freunde zurück.

Am 10. März 1913 wurde sie gegen ihren Willen in eine Irrenanstalt – so hiess das damals – eingewiesen. Die letzten 30 Jahre ihres Lebens mit unendlich langen Tagen verbrachte sie interniert, untätig, bis sie 1943 starb. Ihre Bitten, zurückkehren zu dürfen, ja sogar die Briefe ihres Arztes, sie sei dazu imstande, fanden weder bei der Mutter Gehör noch beim Bruder, der so geistvoll die Liebe besang.

Unterdessen erhielt Rodin 1900 an der Weltausstellung seinen eigenen Pavillon, er wurde Kommandant der Ehrenlegion, Könige besuchten ihn im Atelier.

Hat Camille ihren einstigen Lehrer beflügelt, während sie selbst an der Beziehung zerbrach? Interpretationen zielen darauf hin.

Aber das wäre zu simpel.

Hemmend für Camille Claudel war damals schon die verständnislose Einstellung der Öffentlichkeit zum weiblichen Künstler. Vor allem aber prallten meteorhaft zwei ausserordentlich empfindsame, geniale Menschen aufeinander. Für Rodin, der laut Rilke pausenlos arbeitete und im Grunde ein grosser Einsamer gewesen sei, für Rodin zählte wohl letztlich nur sein Schöpfertum, sein Werk. Der Frau war die Trennung von Leben und Schaffen, von Liebe und Kunst unmöglich.

Wer wagte, wem 'Schuld' zuzuschieben?

Es wäre denn jenes Versagen gemeint, von dem Rilke in einem Orpheus-Sonnett sagt:

«Nicht sind die Leiden erkannt
– Nicht ist die Liebe gelernt».

Schwesterliche Camille Claudel, wir Frauen sind inzwischen nicht klüger geworden. Wir haben nur etwas besser gelernt, mit Deinem Absolutheitsanspruch und Deinem Trotz, die auch die unseren sind, umzugehen, bewusster, kämpferischer – und zugegeben, auch in freigewordener Umgebung. Aber wer weiss, zum Preis welch neuer Verwundungen?

1985

Leiko Ikemura
Ein Werkverlauf mit ständigem Aber

Den fremdartigen Namen sich zu merken, war schwierig: Leiko Ikemura. Eine Ausstellung bei Pablo Stähli in Zürich machte 1980 auf die damals neunundzwanzigjährige Japanerin aufmerksam. Sie war nach Kunststudien in Osaka und Sevilla 1979 nach Zürich gekommen. Noch sind die knappen, linearen Figuren in schöner Erinnerung.

Heute ist Leiko Ikemura ein Begriff in der Kunstwelt. So schnell geht das. Schon 1983 wurde sie von Dieter Koepplin, dem Leiter des Basler Kupferstichkabinetts, aufgefordert zu einer Ausstellung. Jetzt ist diese realisiert: 200 Zeichungen und 11 Gemälde aus den Jahren 1980–1987 sind im Museum für Gegenwartskunst Basel zu sehen. Ein Grossteil ist bereits im Besitz des Kupferstichkabinetts.

Der Eindruck dieser Werkschau ist zwiespältig. Da fasziniert gleich zu Beginn ein Blatt von 1980 mit scharfen Akzenten über weichen Horizontallinien. Es deutet auf eine Meisterin der präzisen, sparsamen Formulierung. In späteren Arbeiten verwischt sich die Originalität. Spuren der 'jungen Malerei' aus Italien und Deutschland fliessen ein. Es gibt Tiere, leidende Figuren im bekannten Ängste- und Bedrohungsvokabular. Die Linien schwingen bald elegant aus, bald verwirren sie sich. Die junge Japanerin scheint vereinnahmt von Europas raschen Kunsttrends.

Aber halt, plötzlich stösst der Beschauer auf Blätter von wiederum unverkennbar eigener Prägung. Da zeichnet sich Leiko Ikemura in einer Serie um 1983 geradezu kindhaft frei in sperrig tastenden Verläufen des einfachen Kugelschreibers. Sie findet zur starken Hieroglyphe des Mädchens mit 'Honigtasche', sie lässt dunkelflockige Strukturen über eine Ohrform gleiten. Gestalten beugen sich auf sich selbst zurück, schwebend, wurzellos. Die Spirale wird aus dem reinen Formverlauf heraus zum Grundmotiv, ohne aufgesetzte Literarisierung. Solche Blätter macht ihr keiner nach.

Seit einiger Zeit entstehen neben den Zeichnungen Bilder, die in ihrem schichtigen Aufbau neue Dimensionen anstreben. Das Grossformat ist jedoch nicht Leiko Ikemuras Stärke. Die Farb- und Formkomposition wirkt ziellos, und die Symbolik von Krieg oder antikem Mythos gleitet ins Triviale, Vordergründige.

Allerdings passiert jetzt etwas Seltsames, wie es in diesem Werkverlauf immer wieder ein Aber zu geben scheint. Während bei Künstlern sonst Zeichnungen die Bilder vorbereiten, läuft der Prozess hier umgekehrt. Die Zeichnungen profitieren nachträglich vom Bild. Denn die auf die Gemälde folgenden Kreideskizzen haben malerischen Duktus, aber weit mehr Straffheit und gebündelte Energie als die grossen Acryl- und Ölbilder.

Die Ausstellung ist keineswegs uninteressant. Als eine Art Lektion der Zeit hat sie geradezu exemplarischen Stellenwert. Denn sie belegt die Chancen und Grenzen der heute geschätzten spontanen Zeichenkunst. Der Besucher erkennt, wie das ständige Ausloten der privaten Befindlichkeit und Stimmung zu ergreifenden Notationen führen kann, wie schwierig sich jedoch auf solch fragiler, subjektiver Basis ein kontinuierliches originales Schaffen gestaltet.

1987

Kunst vom Outside

Kunstgespräch in der Strafanstalt
Mit Sonnenblume und Totenkopf

Was hat uns Kunst zu sagen? Wirkt sie verändernd auf den geistig-seelischen Zustand? Gibt es Bezüge zwischen Kunst und Leben?

Fragen der 'Relevanz von Kunst und Gesellschaft' würde man derartiges nennen. Ich erlebte oft den resignierten Seufzer, schnitt man es im Kreis der Fachleute an.

Genau dies Thema kam nun zur Sprache an einem trüben, frühen Wintermorgen in der Strafanstalt Witzwil, grauer Nebel vor den vergitterten Fenstern. Um einen Holztisch sieben Insassen. Sie erzählen: einmal im Monat kommt in der Anstalt eine 'Kunstgesprächsgruppe' von zwölf bis fünfzehn Männern zusammen. Leute, die sich – mit einer Ausnahme – 'draussen' nie um Kunst gekümmert haben.

Witzwil ist nur ein Beispiel – in wechselnden Formen geschieht Ähnliches in andern Anstalten. Maler aus der Region kommen, bringen graphische Blätter und Bilder mit.

All das wirkt wie Zündstoff: sogleich beginnen die Insassen zu diskutieren. Ganz direkt gehen sie auf das los, was sie an der Malerei oder Dichtung berührt. Sie wollen wissen, warum jemand immer den Tod zeichne, ein anderer surreale Phantasien. Sie schauen die Art der Herstellung an. Am Gestalterischen messen sie eigene Erlebnisse und Empfindungen.

Ich bohre: warum gerade Kunst? Man könnte doch über anderes, noch Wichtigeres reden? Sie protestieren: «Bei der Politik liegen wir uns zu bald in den Haaren. Und bei den meisten Themen spüren wir sonst Belehrung, Tendenz.» Alfred sagt: «Kunst ist nicht konventionell. Hier darf man sich völlig frei äussern auf einem Gebiet, das so gut hierher wie ins Leben draussen gehört. Dabei bekommen wir Selbstvertrauen, beginnen, uns zu spüren.» Immer neu wird betont, die Beschäftigung mit Kunst und der Art, wie Maler und Dichter Probleme darstellen, befreie von eigenen Zwängen. «Wir grübeln sonst immer ums Delikt herum.» Aber auch von Aggressionen, Egoismus, Misstrauen, die alle in der Isolation der Anstalten wuchern. Hans Peter sagt: «In unserer Gruppe können wir am Beispiel Kunst offen reden über Dinge, die uns nicht schlafen lassen. Das gibt eine innere Reinigung.»

Er sagt 'innere Reinigung' im alltäglichsten Tonfall, als sei es ein Ding der Selbstverständlichkeit, dass Kunst dies bewirke.

Ob sie selbst malen? Ja, manchmal, in der Zelle, man habe ja Zeit hier, zu viel Zeit. Dann sei man 'nicht mehr drin'. Einmal hätten sie sich gegenseitig als Thema den Knast gestellt, niemand habe ihn zeichnen wollen.

Kürzlich ist ein Gemeinschaftswerk entstanden: sechs Meter Packpapier. Jeder fing an einer Ecke an, zuerst krampfhaft kleinfigurig, dann immer gelöster. Ein grosses teppichhaftes Bild ist daraus geworden, mit Sonnenblume und Totenkopf, mit Rose und Krug und Drogenspritze. Vom eigentlich künstlerischen Anspruch reden sie nicht, freuen sich bloss, hier eine Sprache gefunden zu haben. Und weil sie nicht an Kunst denken, ist diese Sprache plötzlich stark.

Was als positiv empfunden wird, ist, wenn Künstler selbst kommen, um zu diskutieren. Ein sehr junger Insasse sagt, er sei nach einem solchen Vortrag «drei Wochen lang happy gewesen. Ich hatte etwas zu denken». Hier wäre ein Feld für unsere nach Kommunikation lechzenden Künstler. Allerdings wollen die Insassen nicht bloss Vorwand-Objekt sein, um die Gesellschaft zu revolutionieren. Sie brauchen anderes: Nahrung für Auge und Geist. Gespräche. Brücken nach aussen auf neutralem Boden. Technische Hilfen. Denn für diese kleine Gruppe von Männern – und nochmals fiel ein Wort, das ich nur stockend aufschrieb – für sie ist Kunst 'lebensnotwendig'.

1975

Zeichnungen aus Auschwitz
Zeichnen gegen den Tod

Dass während des Zweiten Weltkrieges in Konzentrationslagern und Ghettos oft gezeichnet wurde, dass die unter den Verfolgungen der Nazis leidenden Opfer im Verborgenen die unmenschlichen Situationen mit dem Stift festhielten: das ist bekannt, und Bilder wurden auch seither in Museen und Galerien gezeigt. Es sei an Namen wie Zoran Music, Alfred Kantor, Leo Haas erinnert.

Nun legt Mary Costanza ein Buch vor über 'Kunst in Konzentrationslagern und Ghettos' mit dem Haupttitel 'Bilder der Apokalypse'. Frau Costanza hat während Jahren Werke von 'Künstlern des Holocaust' in Israel, Europa und den Vereinigten Staaten gesucht. In ihrem Buch ist eine Auswahl von Tagebuchtexten und Blättern zu finden, die direkt in den Lagern und Ghettos entstanden sind. Alle sind sie aus äusserster seelischer und körperlicher Bedrängnis gewachsen, in der Schwebe zwischen Angst, Folter, Tod, Überlebenswillen.

Die rund 100 Zeichnungen und die paar Skulpturen haben ihre eigene erschütternde Sprache: Szenen, wie Menschen in die Gaskammern gejagt, Leichen in Krematorien geschoben werden, wie Männer in Sträflingskleidern schwerste Lasten ziehen, wie sie im 'Transport', eng gedrängt und gebückt, ihre kleinen Habseligkeiten tragen. Es gibt gesichtslose Massen, aber auch schmerzvolle Porträts von Müttern, Kindern, Intellektuellen, oder das ausgezehrte, schöne Gesicht der 'toten Freundin'.

Obwohl mit primitivsten Mitteln hergestellt – gefundene Bleistifte, Kohlestücke, eingeschmuggelte Papiere von Verpackungen, sogar Rückseiten von Briefmarken – haben die Zeichnungen mit ihren bald präzisen, bald tastenden Umrissen und helldunklen Kontrasten stärkste Aussagekraft. Sie stammen grösstenteils von ausgebildeten jüdischen Künstlern. Man erwarte also nicht 'art brut', sondern das, was der inhaftierte Alexander Bogen so ausdrückte: «Das hier, ich sage es euch, ist etwas anderes. Eine unmittelbare Reaktion, ohne dass man Zeit hat nachzudenken, Zeit, den eigenen Blick zu ordnen, den Stil oder die Komposition... Auge in Auge mit dem Grauen.»

Die Texte der Gefangenen sind oft Tagebuchnotizen, eigentliche Lageberichte wie «Ankunft eines Transports auf offenen Viehwaggons, die Toten fallen heraus». Oder «Wir mussten auf der nackten Erde schlafen, die matschig wurde, wenn es regnete». Kaum Klagen. Das Drama liegt in den blossen Tatsachen.

Mary Costanza zeigt in ihren Begleittexten, wie Kunst an solchen Orten überhaupt entstand und später aufgefunden wurde. Dabei werden immer wieder die Gefahren beschrieben, die die Künstler für ihr Tun auf sich nahmen. Dokumentationen des eigenen Lagerlebens waren streng verboten, Missachtung konnte das Leben kosten.

Die Gründe, dass die Werke trotzdem entstanden: Die Lagerinsassen wollten Kunde geben von den Greueln, die Nachwelt sollte es einst wissen. Die Nicht-Zeichner bedrängten die Künstler: «Zeichne, male, erinnere dich. Wenigstens in deinen Zeichnungen werden wir leben.»

Zeichnen konnte auch Selbstschutz sein. Alfred Kantor, der als 18jähriger Kunststudent nach Theresienstadt, dann nach Auschwitz kam, erinnert sich, er habe gezeichnet «aus tiefem Instinkt der Selbsterhaltung, der mir half, das unvorstellbare Entsetzen jener Zeit zu ertragen». Nicht vergessen seien die heimlichen Zusammenkünfte: «Wir konnten zwar nichts essen, aber wir redeten.» Über was sie redeten? Über hebräische Literatur.

Wer heute gern von 'Kunst als Luxus' spricht, sollte dieses Buch lesen.

1984

Bilder aus der Verpuppung lösen

«Will er wirken/Sei manchmal er in Gitter»: Wer diesen Zweizeiler (aus dem Gedicht 'Der Mensch') niederschrieb, muss es wissen, denn er verbringt den Grossteil seines Lebens nicht gerade 'in Gitter', aber doch in psychiatrischen Kliniken. Er heisst Hagen Reck alias Artur und ist einer der 34 'Künstler aus Gugging', von denen gegenwärtig im Kunsthaus Aarau rund 500 Zeichnungen zu sehen sind.

Gugging ist ein kleiner Ort bei Wien. Dort befindet sich das Niederösterreichische Landeskrankenhaus für Psychiatrie und Neurologie. Der leitende Primararzt Leo Navratil regt seit Jahrzehnten seine Patienten zum Zeichnen oder Schreiben an. Denn Bildgestaltungen geben dem Arzt Hinweise auf Krankheitszustände, und sie können dem Patienten helfen, seine seelischen Bedrängnisse im Bild zu bannen und zu bewältigen. Solche diagnostisch-therapeutischen Wirkungen kennt man schon lange. Aber Navratil bleibt nicht beim blossen 'Bildtest' und der medizinischen Verlaufsanalyse stehen. Er nimmt die gestalterischen Möglichkeiten seiner Patienten noch viel ernster auf menschlicher und künstlerischer Ebene.

Einerseits animiert er sie ganz bewusst zum Zeichnen, gibt Themen, sitzt bei ihnen − und 'verführt' tatsächlich schwer Depressive, beharrlich Schweigende oder manisch Erregte zum Formulieren mit dem Stift. Zum andern bringt Navratil die Arbeiten seiner Schützlinge an die Öffentlichkeit in Ausstellungen und Filmen. Das hat nichts − wie schon Kritiker mäkelten − mit 'Vermarkten' von Psychosen zu tun, sondern schafft Brücken von den (scheinbar) Normalen zu den leidvoll Kranken.

Jede Werkgruppe in Aarau gibt Einblick in ein Universum der Seele. Da zeichnet etwa der 94jährige Richard Glanz unbeholfen Wiese, Fluss und Haus, nachdem ihm sein Haus abgebrannt ist und er in Schwermut versank. Alois B. spricht kaum, kichert nur, ist von Halluzinationen geplagt. Und er zeichnet auch stets unheimliche Gesichter mit Riesennasen – wohl seine nur ihm sichtbare Umgebung. Max, der sagt, er sei schon gestorben, kritzelt seine Figuren in Phasen der Erregung mit wilden Strichen zu (nicht ohne Grund gehört Arnulf Rainer zu den Freunden von Gugging). Eros und Sex sind gewaltige Themen. 'Die Seele' von Johann Garber ist eine verpuppte dunkle Gestalt, von Bandagen umwickelt – und wer trüge nicht so etwas in sich?

Die Bildgedanken sind gestalterisch unterschiedlich vorgetragen. Es gibt neben Schülerhaftem und Linkischem plötzlich phantasievolle, formal und farbig mächtige Bildwerke aus visionären Zonen. Da darf man dann ruhig von 'Kunst' reden. Es ist sogar verblüffend, wie nahe einige Gugging-Bilder an das in unseren Galerien Gezeigte heranrücken. Das hängt damit zusammen, dass viele heutige Künstler Angelerntes und Rationales verwerfen und aus autonomen psychischen Grundschichten schöpfen wollen. Und eben diesen Nachtseiten und Urgründen ist der psychisch Kranke nahe, ja oft ausgeliefert. Er muss sie nicht zuerst 'kunstvoll' aktivieren.

Es gibt noch unzählige psychisch Leidende ausserhalb Gugging, von Nervenkliniken bis in Altersheime. Wer weiss, ob nicht auch dort Bilder schlummern, auf Abruf warten? 1985

Johann Hauser (*1926), Negerin, um 1982
Der geborene Tscheche zeichnet, wenn ihn nicht Depressionen lähmen. Seine Gestalten sind ihm wichtig als Ausdruck seiner selbst, denn schreiben und lesen hat er nicht gelernt.

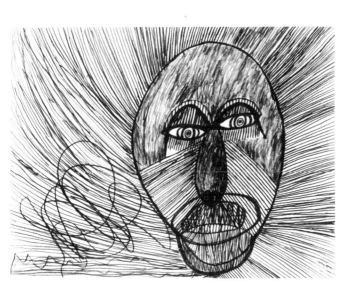

Aloïse Corbaz
Die Frau mit den zwei Biographien

Wo liegt die Wahrheit eines Menschenlebens? In der Alltagsrealität und den amtlichen Dokumenten – oder in den Tagträumen und in der Phantasie?

Anlass zu dieser Frage gibt die Ausstellung 'Aloïse' in der Collection de l'Art Brut in Lausanne. Denn Aloïse ist zwar ein einziger Mensch, aber hinter ihr stehen zwei Biographien.

Aloïses Liebe zu Kaiser Wilhelm II.

Vorerst und kurz der offizielle, sozusagen amtliche Lebenslauf. Aloïse Corbaz wurde 1886 in Lausanne geboren. Früh verlor sie die Mutter, der Vater war ein polternder Alkoholiker. Sie wurde Lehrerin, wechselte unstet ihre Stellen. 1911 kam sie als Erzieherin nach Leipzig, später an den Hof von Kaiser Wilhelm II. ins Schloss Potsdam. Intelligent und mit guter Singstimme begabt, trug sie Händel-Arien vor, der Kaiser in reichdekorierter Uniform hörte zu – oder er sass doch dort und tat so. Heimlich verliebte sich die junge, züchtige Hauslehrerin aus der Schweiz in den Kaiser. Er mag sie kaum bemerkt haben. Sie strebte das Unerfüllbare an, einen bürgerlichen Verehrer wies sie ab.

Bei Kriegsausbruch, 1914, reiste Aloïse in die Schweiz zurück, verstört. Sie hatte religiöse Wahnideen und Verfolgungsängste. Erst 32 Jahre alt, wurde sie in eine psychiatrische Klinik eingewiesen. Dort bügelte sie Schürzen, liebevoll, geduldig, pedantisch. Bei Spaziergängen sang sie Arien. Und sie schrieb und zeichnete, getragen von einer verständnisvollen Ärztin, Jacqueline Porret-Forrel.

Inszeniertes Glück

Neben diesem unscheinbaren, ja kümmerlichen Lebenslauf schuf sich Aloïse Corbaz eine eigene Biographie voller Pracht, Dramatik, Liebesglut. Präzis ist dies zu erfahren aus ihren Bildern, die sie mit farbigen Stiften auf grosse Papiere malte und teils leporellohaft zusammennähte.

Als Beispiel aus dem Œuvre greife ich den 18 Meter langen Streifen heraus, in dem Aloïse ihre imaginäre Lebensgeschichte als Oper in fünf Akten dargestellt hat: ein sensationelles Werk in szenischen Abfolgen: Zuerst erscheint Aloïse als Jungfräulein. Dann gesellt sich ein flotter Offizier dazu. Im dritten Akt – erkennbar an breiten Trennstrichen – fliessen die Körper ineinander, begleitet von roten Blüten mit phallischen Staubgefässen. Sinnliche Leidenschaft, wie sie Aloïse vor ihrem Bügelbrett nie erlebte, flammt auf. Die Liebenden jedoch, es muss ja so kommen, geraten in turbulente Situationen, trennen sich. Jetzt wechselt Aloïse die warmglühenden Farben in Lila, Todesvögel erscheinen. Aber daraus wächst plötzlich in zarter Umrandung wiederum das Paar, nun in ganz vergeistigter Zuneigung.

Wichtig ist die von Aloïse dezidiert vorgenommene Rollenverteilung: In jeder Szene ist sie selbst die Hauptdarstellerin, einmal als Diva mit lockend geschminkten Brüsten, weichem Körper, hoher Coiffüre, dann wieder als dunkler Engel oder schützend-mächtige Mutterkönigin.

Die Fürstin lebt

Und nun stelle man sich all diese Bilder vor in satten, leuchtenden Farbflächen, in kompositionell gross angelegten Verschränkungen von prachtvoller Bildkraft.

Die Körper sind von Blüten, Geschlechtssymbolen, Draperien ornamental umgeben. Ein hinreissendes Fest von Eros und Lust.

Ein Foto zeigt die alte Aloïse Corbaz, die diese Lebensfriese gezeichnet hat, als biedere Greisin mit aufgestecktem Haar und gemusterter Schürze. Aber nicht als bügelnde Insassin einer Anstalt wird sie überleben, sondern als Fürstin sinnlicher Lebensfreuden. Die erträumte Biographie überstrahlt die Realität. Oder: Die Kunst ist wirklicher als das Leben.

1986

Verschiedenes

Der Unfug mit den Katalogen

Von Natur aus ein gewissenhafter Mensch, erstehe ich vor dem Besuch einer Kunstausstellung den Katalog. Die nette Dame am Schalter sagt mit festlich glänzendem Blick: «Nein, nicht einen, Sie kriegen zwei, und dazu eine Plastiktüte mit Aufschrift des Hauses.»

Die zwei Kataloge – es können auch drei oder ein überdimensionierter einziger sein – sind nun aber zu schwer, um sie in der Ausstellung herumzutragen. Ich gebe sie ab bei der Garderobe, wo ich vorher bereits für den Mantel Schlange stand.

Endlich in der Ausstellung geschieht Seltsames. Proportional umgekehrt zu den gründlichen Katalogangaben stehen die Bildbeschriftungen. Die Suche nach winzigen Täfelchen – seitlich, oben, unten, an den Rahmen, der Möglichkeiten sind viele – erinnert mich mild an Ostern. Bildtechniken, Titel, Nationalität fehlen wechselnd (die 7. documenta lieferte ein Bravourstück an Nichtangaben). Offenbar soll der Katalogverkauf provoziert werden – siehe oben.

Es kann aber auch sein, dass man nur einen einzigen Katalog erhält, zwei bezahlt und ein Formular mit Personalien ausfüllen muss. Denn der zweite ist bei überaus fundierten Fachkräften in Bearbeitung und wird – freundlicherweise und ohne Portoberechnung, so betont man – später zugestellt. Und das, ich hab's erlebt, kann dauern.

Menschenfreundliche Museumsleute haben die Institution des Faltblattes erfunden, das den Besucher gut durch die Ausstellung begleitet: der Minikatalog des Katalogs der Kataloge.

Zu Hause lese ich dann endlich das, was ich vor den Originalen gern rasch nachgeschlagen hätte. Nun erhalte ich tatsächlich eine wissenschaftliche Informationsfülle. Wer, Hand aufs Herz, liest sie ausser auf Fehler erpichte Kollegen oder über das Thema gerade Publizierende? So sorgfältig die Texte sind, so nachlässig die Farbabbildungen. Schönste alte Meister leuchten in kitschigem Rot auf oder werden zu Gelbgespenstern.

Es gibt auch Kataloge, die vom Ehrgeiz der Fachleute ungetrübt sind und betont unwissenschaftlich in angenehmem Format daherkommen. Sie sind in Ausstellungen jüngerer Künstler zu finden – und schlimmer als die wissenschaftlichen. Hier nämlich breiten sich Texte der Künstler selbst in lyrischer oder pseudophilosophischer Weise aus. Oder es gibt Aufzeichnungen endloser Ateliergespräche, samt Räuspergeräuschen, für die man eigene Niederschriften erfindet. Die Photos zeigen nicht die wirklich ausgestellten Werke, diese sind nicht einmal aufgelistet (katalogos, griechisch = Liste). Vielmehr sieht man Abbildungen von manipulierten Ateliersituationen oder Ad-hoc-Skizzen der Künstler. Der Informationsgehalt ist gleich Null.

Ich weiss, ich weiss: Es gibt hundert Gründe für Über- wie für Unterinformation. Leihgeber drängen auf stattliche Bearbeitungen, junge Künstler auf Selbstverwirklichung im Katalog. Aber was hilft das dem geplagten Besucher, dem lernwilligen und kunstfreundlichen Laien? Zu seiner Freude und Belehrung wurden seinerzeit öffentliche Kunstsammlungen angelegt. Man sollte ihn weiterhin so ernst nehmen, dass er weder mit Fachwissen erschlagen, noch mit Nichtwissen verulkt wird.

Herbert Distel
Fitness fürs Auge

Anlässlich der Schweizerischen Plastikausstellung 1970 in Biel war im Seepark ein drei Meter langes, 22 Tonnen schweres Granitei von Herbert Distel zu sehen, eine Denkmal gewordene Erinnerung an Distels 'Projekt Canaris', ein über den Ozean schwimmendes, riesiges Plastikei, das denn auch tatsächlich, etwas ramponiert von der See, dieses Frühjahr auf Trinidad gelandet ist.

Das steinerne Ei nun an einer Autobahn aufzustellen, war die Idee des Organisators der Bieler Ausstellung, des Verlegers Marcel Joray. Die Regierung des Kantons Solothurn griff spontan zu, einige Strassenbaufirmen versprachen finanzielle Zuschüsse. Heute steht das gewaltige Ei beim Rastplatz Süd an der Belchenrampe, dieweil andere Kantone noch auf dem Papier diskutieren, wie im 'Niemandsland der Autobahnen visuelle Anreize' zu schaffen seien.

Es entstehen gegenwärtig immer neue 'Fit-Stationen' an den Autobahnen, um die Muskeln des verkrampften Automobilisten zu lockern. Um aber auch Auge und Geist zu entspannen, gerade hierzu dürfte sich die Ei-Plastik Distels bestens eignen. Denn neben dem hektischen Verkehr sind weder grazile Tänzerinnen noch komplexe Formverzweigungen denkbar. Die lapidare Eiform hingegen in ihren monumentalen Ausmassen vermag dem unaufhörlich Rollenden standzuhalten, ja, dem Betrachter vielleicht gar ein besinnliches Ausruhen zu ermöglichen.

Auch vom vorbeiflitzenden Fahrer kann das Riesenei rasch erfasst werden, wenn es da unerwartet am Horizont fast schwebend auftaucht und einen durchaus surrealen Akzent in die Landschaft setzt. Und – wer weiss – dies wird vielleicht plötzlich einem Automobilisten zwischen dem tierischen Ernst des Fahrens ein kleines Lächeln abzwingen. Dann aber wäre sogar die Seele gelockert. Und, so möchten wir denjenigen sagen, die ständig um Ablenkung des Fahrers durch Kunstwerke bangen: eine gelockerte Seele fährt besser als eine verkrampfte.

1971

Weihnachten vor einem spätgotischen Bild
Das Wunder ins Wirkliche holen

Die Auswahl bereitete mir Schwierigkeiten. Ein Weihnachtsbild sollte beschrieben werden. Beim Gang durchs Kunstmuseum Basel wurde die Wahl zur Gewissensfrage, die über die Betrachtung von Form und Komposition hinausging: Fühlt man sich hingezogen zur ernsten Versunkenheit der 'Geburt Christi' von Hans Baldung Grien oder zur Intimität der 'Maria mit dem Kind im Gemach' von Martin Schongauer? Oder entspricht gar die zeichenhafte Einprägsamkeit alter Handschriften – aufbewahrt im Kupferstichkabinett – unserer heutigen gedanklichen Abstraktion am ehesten?

Warum mich im sinnenden Heimgehen das kleinste der Tafelbilder eines anonymen Malers nicht losliess, ist schwer zu sagen. Vielleicht, weil das so leicht zu überschauende Format – mit der gespreizten Hand beinahe abzudecken – der Weihnachtserfahrung nahekommt, dass das Kleine, ein winziges Kind, den Massstab Grösse so radikal in Frage gestellt hat. Vielleicht, weil in der Art der Darstellung neben dem Übernatürlichen eine greifbare Diesseitigkeit einhergeht. Vielleicht, weil das Bild in einer jener historischen und stilistischen Übergangszonen angesiedelt ist, in denen Kunstwerke eine besondere Ausstrahlung haben können.

Denn der unbekannte Meister vom Oberrhein, der um 1420 die Geburt Christi auf eine Lindenholztafel malte, lebte in einer unruhigen Zeit. Durch die unterschwelligen Anfänge der Reformation zeichnete sich die Ablösung vom Mittelalter ab. (1415 wurde Johannes Hus als Ketzer verbrannt.) Die beginnende Herrschaft der Zünfte und Gilden leitete ein neues bürgerliches Selbstbewusstsein ein. Religiöse Schwärmer zogen durch Städte und Dörfer.

Noch strahlt in unserm Bild der mittelalterliche Goldgrund göttliche Erhabenheit und Eindeutigkeit aus. Aber im Vordergrund ereignen sich perspektivisch räumliche Kompositionsabläufe und menschliche Szenen, die zu einem neuen Erfassen der Wirklichkeit hinführen.

Mit der Sicherheit eines Bühnengestalters hat der Maler die luftigen Bauten als Andeutung des Stalles von Bethlehem in den Bildraum gesetzt. Die mit vertikalen und schrägen Linien gebildeten Räumlichkeiten und Kompartimente sind jedoch noch nicht gekonnter artistischer Selbstzweck: Sie betten sich voll ein in das inhaltliche und geistige Geschehen.

Hoch ist derjenige Teil, in dem Maria als Zentrum sitzt. Über ihr wird das einfache Bretterdach zum krönenden Baldachin. Die Haltung der schmalen Maria ist in einen einzigen sanften Fluss gefasst, der Demut ausdrückt und zugleich das Bewusstsein ihrer Sendung. Strampelnd liegt Jesus nicht wie in andern zeitgenössischen Darstellungen direkt am Boden, sondern zärtlich in den Falten des Kleides geborgen.

Ohne aufdringliche Forciertheit wird Maria zum unübersehbaren Bildmittelpunkt, um den sich alle kompositorischen Linien aufbauen, um den sich der geflochtene Zaun der Einfriedung schliesst wie ein altes Paradiesgärtchen. Der Maler holte aus der Bibel die poetische Seite, eine sehr reine Poesie. Besonders die Anmut der Maria ist hervorgehoben. Man denkt an die ebenfalls um jene Zeit entstandenen Gesänge des Arnoul Gréban: «Mon doux enfant, ma tendre fleur... Mein liebstes Kind, das ich getragen habe, mein Gut, mein Glück, mein ganzer Trost...»

Das kleine Bild mit akademischen Kunstspekulationen zu belasten, wäre verfehlt. Neben der Tiefe der Empfindung geht ebensoviel Traulich-Irdisches mit. Es haben sich ja im Lauf der Jahrhunderte immer mehr Legenden um die Geburt Christi gebildet: Der Wunsch, ein geheimnisvolles Geschehen durch Einzelheiten und Wirklichkeitserlebnisse unserer Vernunft gleichsam einzubinden, muss sehr menschlich sein.

Ich denke an die Tiere im kleineren Gehäuse, die aus einem lieblichen Kinderbilderbuch stammen könnten. Ich sehe den Josef, der unter dem Vordächlein am Feuer eine Windel trocknet und damit das in heikel-wunderbaren Situationen Menschenrichtige tut: helfen mit seiner Arbeit. Sogar die Engel, die ihrer Erscheinung nach die Formen höherer Wesen haben, gucken nicht sehr andächtig, sondern eher wie neugierige Schulmädchen unter dem Gefackel ihrer Flügel über die Holzwand. Die Hirten stehen kompositionell noch ausserhalb des Geschehens. Bärtige Gestalten, verwurzelt in die Topographie der Erde, bildet der halb schreckhaft, halb grüssend erhobene Arm die Nahtstelle, die über den Engel hin zum Stern führt. Und dieser Stern ist wiederum kein ornamentales Gebilde, er hat das Gesicht Gottvaters. Sein Leuchten verwandelt den Himmel in pures Gold.

Was durch das ganze kleine Bild als heimliches, aber unübersehbares Leitmotiv geht: ein Hin- und Herschweben zwischen dem Übersinnlichen und dem Diesseitigen. Darin liegt der eigenartige Reiz der Darstellung. Darin liegt auch der Anruf an uns, die wir in ähnlich bedrängten Übergangszeiten leben, in denen die Suche nach dem Transzendentalen lebenswichtig wird.

Der alte Maler hat dazu keine grossen Gesten, keine komplizierten Mittel verwendet. Er hielt sich an die Einfachheit, die die Bibel in ihren schönsten Stellen hat, wenn das Wenige, Knappe so unendlich viel zu bedeuten beginnt. Im kleinen Bild ist alles wichtig – Ochs und Esel und Hüttlein – weil es am rechten Ort steht, weil es in die sinnvollen Bezüge gebracht ist.

Vielleicht kann uns das eingehende Betrachten eines Bildes retten vor den Verlegenheiten der Worte und Gebärden unserer weihnachtlichen Gegenwart, Verlegenheiten, die vom traditionellen Familienbaum bis zur progressiven Predigt gehen. Ob und wie man Weihnachten feiern soll, wird unerheblich vor der ruhigen Gewissheit des bescheidenen Malers, der die Bereiche zwischen dem weltlich Sichtbaren und dem Spirituellen in stiller Selbstverständlichkeit aufleuchten lässt.

1975

Paul Klee
Wenn die Engel sich verwandeln

Eigentlich begann es im Sommer dieses Jahres. Das Kunstmuseum Bern hatte zu Werken aus den letzten Lebensjahren von Paul Klee eingeladen. In der Ausstellung befanden sich 700 Zeichnungen, die Mehrzahl davon war unbekannt. Da traf ich auf die Engel. Sie haben mich seither nicht mehr losgelassen.

Klees zeichnerisches Spätwerk ist so eng mit den Engeln verknüpft, dass davon die Rede sein soll.

Paul Klee, in Deutschland als 'entartet' erklärt, hatte sich 1934 nach Bern in die Heimat seiner Jugend zurückgezogen. Hier brach 1936 eine schwere Krankheit aus. Klee wusste um den möglichen nahen Tod. Das lähmte zuerst seine Schaffenskraft. Von 1937 an aber begann er geradezu leidenschaftlich zu arbeiten. So zeichnete er in einem einzigen Jahr über tausend Blätter. Ja, das Zeichnen war für ihn, der recht einsam und isoliert in Bern lebte, zum wichtigsten und intimsten Ausdruck seines Denkens und Fühlens geworden. Er schrieb keine Tagebücher mehr wie früher, und die Korrespondenz mit Freunden überliess er weitgehend seiner Frau Lily.

Den Zeichnungen ist denn auch anzusehen, dass sie eine eigentliche Niederschrift bedeuten. Bleistift oder Tuschfeder laufen wie bei Schriftzeichen in einfachen Linien über die Fläche, ohne Beigabe weichmachender Schraffuren oder Wischer. Und wie in der Handschrift setzt Klee kaum je ab. Dazu kommt, dass oft ein Thema und ein Schreibduktus über mehrere Blätter weitergeführt werden: als würden sich Sätze aneinanderreihen.

Ein drängendes Schöpfertum muss Klee geradezu heimgesucht haben. «Er sitzt abends bis elf Uhr», schrieb Frau Lily, «und Blatt für Blatt fällt zu Boden.» Trotzdem: keinerlei Automatismen, kein Nachlassen an Kraft. Der Strich verrät bei aller Linearität die Konzentration und Spannung eines Zen-Bogenschützen. Das Kompositionsgerüst, das sich bis zu den Blatträndern breitet, ist vollkommen ausbalanciert.

Was will er so drängend mitteilen, der einsame Mann, wortlos im Reich der Bilder?

Ohne auf einzelne Zusammenhänge eingehen zu können (die Klee-Forschung befasst sich gegenwärtig intensiv mit dem Spätwerk), darf man sagen, dass als grosses Thema über allem die 'Verwandlung' steht. Nicht nur die gerundeten Formen scheinen von einem Zustand in den andern zu gleiten, auch eine Landschaft wird zum Stern, amorphe Formen neigen zu Körperteilen, ein 'weiland Pianist' aber geht mitsamt seiner dem Körper eingezeichneten Tastatur in das Idolzeichen eines anderen Reiches über.

Diese Linienhieroglyphen – Klee selbst hat sie 'Geheimzeichen' genannt – sind die Botschaften eines Menschen, der sich zutiefst mit dem Sterben und dem, was dahinterliegt, beschäftigt. Es geht um Bestehen und Verwandlung von Körper und Seele.

Es ist nicht verwunderlich, dass Klee auf seiner bildsuchenden Forschungsreise in die Zonen zwischen Leben und Tod, die schon Dante abschritt, den Engeln begegnen musste. Und da heute nicht mehr wie in früheren Epochen theologische Lehrmeinungen und bildnerische Konventionen ein Engelsbild gebrauchsfertig be-

---

Paul Klee (1897–1940), Der vergessliche Engel, 1939
Klees Engel: keine Ehrfurchtswesen, sondern behaftet mit einem Fitzerchen Irdischem. Wer ihnen begegnet, lächelt – oder wird getröstet.

1939 vergesslicher Engel

reithalten, war es an Klee, diese geistigen Wesen gleichsam privat zu materialisieren. Denn der Künstler strebt auch im Umgang mit den letzten Dingen zum Bild.

Nun gibt es zwar das Motiv der Engel schon in Klees früherem Werk. Man erinnert sich wohl an 'Engel bringt das Gewünschte' von 1920, an jenen liebenswürdigen Frühstücksbringer auf zarten Füsschen mit Palmzweig und wehendem Schürzchen, halb Krankenschwester, halb Schwebegeist. Und damals ist auch der zart aquarellierte 'Angelus Novus' entstanden, der durch die Beschreibung von Walter Benjamin Berühmtheit erlangte.

Im letzten Lebensjahr von Klee findet nun aber eine wahre Engelsinvasion statt. Die Engel jedoch sind recht anders geworden. Schon in der zeichnerischen Erscheinung breiten sie sich ohne irgendwelche Zutaten als reine Linienkantilene über das ganze Blatt. Ihre Kennzeichen sind zipfelförmig aufgerichtete Flügel, die die Stelle von Armen einnehmen können.

Sie tragen keinerlei Verkleidungen, mahnen nicht mehr an irgend etwas, sondern sie sind völlig eigene spirituelle Individualitäten. Aber nun wandeln sie nicht in irgendwelchen menschabgeschiedenen Fernen. Nein, es ist, als seien sie ein Echo aus dem Kosmos auf die verschiedensten Seelenzustände der Irdischen, auf Angst oder Hoffnung, Scham, Verzweiflung oder gar Schalkhaftigkeit.

So wächst aus tastenden Kurven der 'unfertige Engel', in sanften Linien sinniert der 'vergessliche Engel'. Es gibt sogar den 'hässlichen' oder den 'bald flüggen' Engel und die Gestalten 'im Vorzimmer der Engelschaft'.

Vielleicht bekommen die Engel durch Klee wieder etwas von ihrem uralten Amt zurück: dem Menschen in Not und Tod beistehen, auf dass er nicht so allein sei.

Der irdisch-unirdische Charakter der Kleeschen Engel klingt an einer Stelle von Rilkes Duineser Elegien (die Klee kannte) sehr ähnlich auf:

Fangen die Engel
Wirklich nur Ihriges auf, ihnen Entströmtes,
Oder ist manchmal, wie aus Versehen, ein wenig
Unseres Wesens dabei?

Es gehört zu diesem Einbezug des Menschlichen, dass 'wie aus Versehen' in Klees schon ganz und gar unkonventionelle Engel eine Prise von zärtlichem Spiel und Humor einfliesst.

So tod-ernst es Klee mit den Botschaften von seiner letzten Wegstrecke gewesen sein muss: Wer seinen Engeln begegnet, den ergreift kein heiliger Schrecken: Er lächelt – oder er wird getröstet.

1979

Sol LeWitt
Requiem auf einen Kubus

Es geht um den 'Kubus aus Zementstein, weissgetüncht'. Höhe 5 Meter, Breite 5 Meter, Tiefe 5 Meter. Erdacht vom amerikanischen Künstler Sol LeWitt für die Ausstellung 'Skulptur im 20. Jahrhundert' im Botanischen Garten Brüglingen.

Zweieinhalb Jahre blieb der grosse helle Würfel nach der Ausstellung stehen. Der Verwaltungsrat der AG Botanischer Garten hatte sich als Hausherr in Brüglingen – schon bald gegen die Idee eines dauernden 'Skulpturengartens' ausgesprochen. Vor kurzer Zeit wurde 'Cube' von Sol LeWitt abgerissen. Das ist bedauerlich. Aber da die Abstimmung im Verwaltungsrat nach gut demokratischen Regeln erfolgte, ist Polemik nicht am Platz.

Ein kleiner Nachgesang der Wehmut sei hier gestattet. Denn der Kubus wird mir fehlen. Wem noch?

Der grosse helle Block ist der Minimal- und Konzeptkunst zuzuzählen, jener aus den USA kommenden Richtung, die in den siebziger Jahren die Reinheit einfachster und elementarster Formen und Materialien zelebrierte: Mitten im Konsumüberfluss ein asketisch-mönchisches Tun. Sol LeWitt, 1929 geboren, gehörte zu den Erfindern.

Gewiss, der kantige kühle 'Cube' mit seinen gleichen Seitenlängen mochte ein Fremdling sein in der Lichtung zwischen den Brüglinger Bäumen. Kunsthistori-

---

Sol LeWitt (*1928) Cube, 1984
Natur und Geometrie: der uralte Doppelklang hat es schwer bei den heutigen Menschen mit Spezialistenaugen.

ker pochen denn auch auf die puritanische, mathematische, reine 'Idee' des Werks, unabhängig von Integration.

Trotzdem: Mir machte 'Cube' die Idylle des Ortes auf neue Art bewusst. So etwa, wie die Gletscher die Anemonen und Soldanellen an ihren Rändern wunderbarer erscheinen lassen können. Und noch anderes geschah: Der stille Würfel wurde zum Partner von Schatten und Sonne. Der Regen gab ihm sanftes Grau. Und in hellen Sommernächten erschien seine Umgebung in zaubrigem Violett.

Das Begrenzte und Geordnete des reinen Quaders, der kristallinen Idee, zum Wuchernden der Natur: Ich habe diese Begegnung dort oben auf der Höhe des Brüglinger Gartens geliebt. Vielleicht hätte man Sitzgelegenheiten einrichten müssen, um die Spaziergänger zum meditativen Verweilen zu verlocken, zum Nachsinnen über ihr eigenes inneres Spannnungsfeld zwischen Intellekt und Gefühl. Vielleicht hatten wir alle zu wenig Geduld mit dem 'Cube' – und mit uns. Vielleicht verpassten auch wir – Museumsleute, Veranstalter, Journalisten – die Aufgabe des Übersetzens der im ersten Moment stets fremden Sprache eines neuartigen Kunstwerks.

Fremdheit und Nichtverstehen können seit je Anstoss, ja Feindschaft bewirken.

Oder nützt alles Reden nichts, weil – nach Goethe – «der Hörer ein Schiefohr ist»?

Jedenfalls: Der Kubus ist 'ausgeschafft' worden.

1986

Verzeichnis der Abbildungen

Seite 15   Cy Twombly (*1929)
            Study Presence of a Myth, 1959
            Öl und farbige Kreide auf Leinwand
            178 x 201 cm
            Öffentliche Kunstsammlung Basel, Kunstmuseum
            Inv.Nr. G 1979.11

Seite 23   Ferdinand Hodler (1853–1918)
            Der Zornige, 1881
            Öl auf Leinwand
            72,5 x 52,7 cm
            Kunstmuseum Bern
            Inv.Nr. 247

Seite 37   Wassily Kandinsky (1866–1944)
            Studie zum Almanach
            'Der Blaue Reiter', 1911
            Aquarell
            29 x 21 cm
            Galerie Flinker, Paris

Seite 40   Joseph Beuys (1921–1986)
            Mädchen mit Ball, 1953–57
            Bleistift/Wasserfarbe
            20,9 x 15,9 cm
            Slg. H. und F. J. van der Grinten
            Kat. Beuys, Wasserfarben 1986 Nr. 192
            Öffentliche Kunstsammlung Basel, Kunstmuseum

Seite 55   Jakob Schärer (*1908)
            Ohne Titel, 1983
            Bleistift
            15 x 16 cm
            Privatbesitz

Seite 81   Camille Claudel (1856–1943)
            Das Gebet, 1889
            Bronze
            45 x 31,5 x 38 cm
            Musée Boucher de Perthes, Abbeville

Seite 96   Johann Hauser (*1926)
            Negerin, um 1982
            Bleistift
            30 x 40 cm
            Kunsthaus Aarau

Seite 113 Paul Klee (1879–1940)
Vergesslicher Engel, 1939
Bleistift auf Konzeptpapier auf Karton
29,5 x 21 cm
Kunstmuseum Bern
Inv.Nr. Z 1899, Paul Klee-Stiftung

Seite 117 Sol LeWitt (*1928)
Cube, 1984
Zementstein, weiss betüncht
500 x 500 x 500 cm

Umschlag Rückseite
oben li. Oberrheinische Schule
Die Geburt Christi, um 1420
Gefirnisste Tempera auf Lindenholz
26,5 x 20 cm
Öffentliche Kunstsammlung Basel, Kunstmuseum
Inv.Nr. 1333
zu Text S. 107ff

oben re. Aloïse Corbaz (1886–1964)
Ohne Titel
Farbstift auf Karton
65 x 24,5 cm
aus dem Zeichenbuch
Sammlung Porret-Forel, Chigny
zu Text S. 98ff

unten Herbert Distel (*1942)
Granit-Ei, 1971
Rastplatz Süd, Belchenrampe
Foto: Annemarie Monteil
zu Text S. 105f

Basler Journalisten «Über den Tag hinaus . . .»

Band 1
Robert B. Christ (Fridolin, Glopfgaischt)
Der Autor hat zu allem, was seine geliebte Vaterstadt an Kostbarem während seines literarisch vielseitig schöpferischen Lebens (1904–1982) zu bieten hatte, unermüdlich Sorge getragen, vor allem auch zur Sprache. Der Band ist ein Zeugnis davon.
95 Seiten, Fr. 12.80

Band 2
H. R. Linder: Ein geborener Journalist
Der Journalist Hans Rudolf Linder war in den 50er bis 70er Jahren Feuilletonredaktor bei der «National-Zeitung». In seinen Artikeln nahm er kritisch, zuweilen pointiert Bezug zu Themen und Fragen der Literatur und der Kunst, zu aktuellen Tagesgeschehen und zu Erscheinungen und Problemen der Gegenwart überhaupt.
99 Seiten, Fr. 12.80

Band 3
F. K. Mathys: Ein Journalist schreibt über Sport und Kultur
F. K. Mathys begann seine journalistische Arbeit als Theater- und Kunstkritiker. Mehr und mehr wandte er sich kulturhistorischen Themen zu. Er gründete 1945 das Schweizerische Sportmuseum in Basel, das er während mehr als 30 Jahren leitete. Als Mitarbeiter verschiedener Zeitungen hat F. K. Mathys viele sporthistorische Aufsätze verfasst.
96 Seiten, Fr. 12.80

Band 4
Albin Fringeli: Der Dichter als Journalist
Der heute 86jährige Autor – ein gebürtiger Laufener und unermüdlicher Sänger des «Schwarzbuebelangs» – hat sich einen Namen gemacht durch seine Poesie und Prosa in Mundart und als Herausgeber (seit 1923) des Jahr- und Heimatbuchs «Dr Schwarzbueb». In der Einzelerscheinung das Ganze, im Flüchtigen das Beständige zu erhalten, das ist die Stärke dieses Autors.
91 Seiten, Fr. 12.80

Band 5
Gérard Wirtz: Lob der kleinen Form
Der für die «Basler Zeitung» schreibende Gérard Wirtz versteht es auf eine eigene, unverwechselbare Art, aktuelle Themen dem Leser nahezubringen. Immer gehen Witz, Ironie und tiefere Bedeutung zusammen. Die pointierte Meinung des Autors darf beim Wort genommen werden, denn 'mit dem Wort' nimmt alles seinen Anfang.
116 Seiten, Fr. 12.80

Band 6
Oskar Reck: Spurensucher und Zeitdeuter aus politischer Leidenschaft
Seit Jahrzehnten ist der Journalist und Publizist Oskar Reck einer breiten Leserschaft in der ganzen Schweiz bestens bekannt. Für sein «beeindruckendes Zeugnis von politischer Liberalität, Toleranz und Mut zu unpopulären Stellungnahmen» verlieh ihm die Juristische Fakultät der Universität Basel im Jahre 1985 die Ehrendoktorwürde.
108 Seiten, Fr. 14.80

Band 7
Toya Maissen: Eine Journalistin von eigenwilligem Format
Temperamentvoll und in gutem Sinne parteilich nimmt die für die 'AZ' schreibende Journalistin Stellung zu Problemen und Geschehnissen des Alltags. Dabei behält sie vorwiegend die Position des einfachen Bürgers und weniger der wirtschaftlich Mächtigen im Auge.
90 Seiten, Fr. 14.80

Band 8
Heinrich Kuhn: Der politische Journalist als Kämpfer und Mahner.
Der von 1946 bis zu seiner Pensionierung das Auslandressort der früheren 'National-Zeitung' leitende Redaktor ist mit seinen engagierten Kommentaren zur Politik weit über die Grenzen Basels hinaus bekannt geworden. Seine Texte zeugen von 'journalistischer Kultur'.
104 Seiten, Fr. 14.80

GS-Verlag Basel